क्या आप जानते हैं?

अभिषेक कुमार मिश्र

वी एण्ड एस पब्लिशर्स

प्रकाशक

वी एण्ड एस पब्लिशर्स

F-2/16, अंसारी रोड, दरियागंज, नयी दिल्ली-110002

23240026, 23240027 • फैक्स: 011-23240028

E-mail: info@vspublishers.com • *Website:* www.vspublishers.com

क्षेत्रीय कार्यालय : हैदराबाद

5-1-707/1, ब्रिज भवन (सेन्ट्रल बैंक ऑफ इण्डिया लेन के पास)

बैंक स्ट्रीट, कोटी, हैदराबाद-500 095

040-24737290

E-mail: vspublishershyd@gmail.com

शाखा : मुम्बई

गोदाम 34 ऐट द मॉडल को-आपरेटिब हाउसिंग सोसाइटी लि.,

'साहकार निवास' ग्राउण्ड फ्लोर, नेक्स्ट टू सोबो सेन्ट्रल, मुम्बई - 400 043

022-23510736

E-mail: vspublishersmum@gmail.com

फ़ॉलो करें:

हमारी सभी पुस्तकें **www.vspublishers.com** पर उपलब्ध हैं

© **कॉपीराइट:** वी एण्ड एस पब्लिशर्स

ISBN 978-93-505719-2-7

संस्करण: 2015

मुद्रक: दीप कॅलर स्कैन, शाहदरा, दिल्ली-110095

प्रकाशकीय

वी एण्ड एस पब्लिशर्स अनेक वर्षों से समाज के प्रत्येक वर्ग के लिये आत्मविकास तथा शिक्षा सम्बन्धी छात्रोपयोगी पुस्तकें प्रकाशित करते आ रहे हैं। पुस्तकें प्रकाशित करने की अगली कड़ी में जब हमारा ध्यान सामान्य ज्ञान की ओर गया तो हमने महसूस किया कि बाजार में सामान्य ज्ञान की अधिकतर पुस्तकें अंग्रेजी भाषा में उपलब्ध है। अतएव हिन्दीभाषी छात्रों के लिये इस विषय पर एक ज्ञानवर्धक पुस्तक की कमी महसूस करते हुए हमने 'क्या आप जानते हैं?', पुस्तक प्रकाशित किया है।

प्रस्तुत पुस्तक में हमने विज्ञान और सामान्य अध्ययन विषय पर आधारित सभी विषयों को शामिल किया है। ऐसे प्रश्न आजकल के प्रतियोगी परीक्षाओं में अकसर पूछे जाते हैं। पुस्तक में प्रश्नों के उत्तर के साथ-साथ उससे सम्बन्धित रंगीन चित्र भी दिये गये हैं। साथ ही विषय वस्तु से सम्बन्धित कुछ ऐसे अनछुए पहलुओं की चर्चा की गयी है, जिसकी जानकारी हमें दूसरी पुस्तकों में कम मिलती है। पुस्तक के तीन खण्ड हैं। पहले भाग में विज्ञान सम्बन्धी प्रश्नों के संकलन हैं, दूसरे और तीसरे भाग में इतिहास, राजनीति, अर्थशाास्त्र, खेल और पुरस्कारों के बारे में जानकारी दी गयी है। पुस्तक की भाषा-शैली सहज और आसान है।

हम आशा करते हैं कि प्रस्तुत पुस्तक 'क्या आप जानते हैं?' छात्र, छात्राओं के साथ प्रतियोगी परीक्षाओं में में शामिल होने जा रहे विभिन्न प्रतियोगी परीक्षा के प्रतिभागियों के लिये उपयोगी साबित होगी। पुस्तक में किसी भी प्रकार की त्रुटि या भूल-सुधार के लिये पाठकों के बहुमूल्य सुझाव हमारे ईमेल आमंत्रित हैं।

पूजयनीय माताजी को समर्पित

लेखक की कलम से

प्रिय मित्रों, 'पाठकों', मेरी पहली पुस्तक वी एण्ड एस पब्लिशर्स से प्रकाशित हुई है। यह पुस्तक बच्चों के जिज्ञासा को शान्त करने के साथ-साथ विभिन्न प्रकार के प्रतियोगी परीक्षाओं की तैयारी करने वाले छात्रों के लिए भी उपयोगी सिद्ध होगी।

इस पुस्तक के प्रकाशन में सबसे बड़ा सहयोग मेरी माँ श्रीमती चन्द्रकिशोरी मिश्रा जी का रहा है जिन्होंने मुझे इस संसार में जन्म दिया। यदि आप न होतीं तो मैं इस दुनिया में आ ही नहीं पाता। वी एण्ड एस पब्लिशर्स के निदेशक श्री साहिल जी का व हिन्दी विभाग के सम्पादक श्री प्रफुल्ल चन्द्र सिंह का मेरे ऊपर विशेष अनुकम्पा रहा है। आप दोनों के नेतृत्व में कार्य करने का मुझे सौभाग्य मिला इसके लिए मैं ईश्वर व आप दोनों का विशेष रूप से आभारी हूँ। यदि आप लोगों का साथ मुझे न मिलता तो मेरी यह किताब कभी प्रकाशित नहीं हो पाती।

मैं उस छोटी-सी लड़की काव्या को कभी नहीं भूल सकता जिसके जिज्ञासू प्रश्नों का उत्तर देते-देते मैं इस किताब की रचना की है, इस किताब को लिखने की मुख्य प्रेरणा श्रोत तो काव्या ही है।

मैं अपने गुरु श्री प्रदीप चन्द्र पाण्डेय 'सम्पादक: दैनिक भारतीय बस्ती', डा. विनोद कुमार मिश्र 'अतिरिक्त मुख्य चिकित्सा अधिकारी', मित्र श्री अमित कुमार सिंह पिन्टू 'बुक डिस्ट्रीब्यूटर, अरविन्द बुक डिपो', श्री ईश्वर कुमार 'बैंक कैशियर : बैंक ऑफ इंडिया', कृष्ण कुमार उपाध्याय (वरिष्ठ अधिवक्ता), श्री विजय कुमार सिंह चौधरी 'वरिष्ठ अधिवक्ता', श्री अजय कुमार पाण्डेय (सचिव, राज्य सभा सांसद), श्री वृहस्पति कुमार पाण्डेय का भी दिल से आभारी हूँ, जिनका सहयोग मुझे निरन्तर मिलता रहा।

मैं उन सभी पत्र-पत्रिकाओं का भी आभारी हूँ, जिनसे मुझे इस किताब को लिखने में सहयोग मिला।

मैं अपनी पहली पुस्तक अपने पिता श्री परमात्मा प्रसाद मिश्र, माँ श्रीमती चन्द्रकिशोरी मिश्र, दादी सरस्वती मिश्र, मेरे मार्गदर्शक श्री साहिल जी व प्रफुल्ल जी को समर्पित कर रहा हूँ। आशा करता हूँ कि आप लोगों का प्यार व सहयोग मुझे निरंतर मिलता रहेगा।

अभिषेक कुमार मिश्र
द्वारा : श्री परमात्मा प्रसाद मिश्र
ग्राम : गालापुर, पोस्ट- धोबहा (डुमरियागंज)
जिला : सिद्धार्थनगर, राज्य- उत्तर प्रदेश
पिन कोड : 272189 मोबाइल- 07860668795
ईमेल : abhishek78619@gmail.com

संक्षिप्त जीवन परिचय

नाम-अभिषेक कुमार मिश्र

पिता-श्री परमात्मा प्रसाद मिश्र

माँ-श्रीमती चन्द्रकिशोरी मिश्र

जन्म-16 जुलाई 1995

भाई/बहन 4 भाई (स्वयं को लेकर) तीन बहन

भाई/बहन में स्थिति-सबसे छोटा

पहली प्रकाशित हुई रचना : सन् 2007 में दैनिक जागरण में

अब तक कुल प्रकाशित रचनाएँ : देश की विभिन्न प्रतिष्ठित पत्र-पत्रिकाओं में 60 से अधिक रचनाएँ व एक उपन्यास प्रकाशित तथा 4 अलबम रिलीज

सम्पर्क सूत्र-07860668795

ईमेल–abhishek78619@gmail.com

भाग : 1

विज्ञान सम्बन्धी प्रश्न

विज्ञान सम्बन्धी प्रश्न

प्रश्न 1. क्या आप जानते हैं कि जुगनू रात में कैसे चमकते हैं?

उत्तर- जुगनू के पेट के नीचे और पीछे की ओर प्रकाश उत्पन्न करने वाले अंग होते हैं, जो नाड़ियों से नियन्त्रित होते हैं इन अंगों में 'ल्यू सीफेरिन' नामक पदार्थ होता है। जब ल्यू सीफेरिन ऑक्सीजन से संयोग करता है तब जुगनू के शरीर से प्रकाश निकलता है।

प्रश्न 2. क्या आप जानते हैं कि चन्द्रमा कभी छोटा कभी बड़ा क्यों दिखाई देता है?

उत्तर- चन्द्रमा न कभी घटता है, न कभी बढ़ता है। सूर्य के पड़ने वाले प्रकाश की विविधता के कारण ही हमें चन्द्रमा कभी छोटा कभी बड़ा दिखाई देता है।

प्रश्न 3. क्या आप जानते हैं कि जीभ अलग-अलग स्वाद कैसे बताती है?

उत्तर- जीभ के ऊपरी सतह पर दानेदार स्वाद कलिकाएँ होती है, जो कोशिकाओं से बनी होती हैं। ये स्वाद कलिकायें चार प्रकार की होती हैं। जिनके द्वारा हमें अलग-अलग किस्म के स्वादों का पता चलता है।

प्रश्न 4. क्या आप जानते हैं कि ओस की बूँद सदा गोल क्यों होती है?

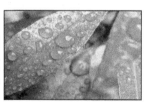

उत्तर- ओस की प्रत्येक भाग समान रूप से संतुलित होती है, ऐसा पृष्ठतनाव के कारण होता है। अतः बूँदों का कोई भाग दूसरे की अपेक्षा केन्द्र से दूर नहीं रहता और ओस के बूँद का आकार गोल ही बना रहता है।

प्रश्न 5. क्या आप जानते हैं कि मोमबत्ती की लौ (Flame) सदा ऊपर की ओर क्यों उठती है?

उत्तर- मोमबत्ती की लौ अपनी आस-पास के हवा को गरम कर देती है, मोमबत्ती के लौ की गरमी से गरम होकर हवा हल्की हो जाती है और तेजी से ऊपर की ओर उठने

लगती है तथा लौ को भी अपने साथ-साथ ऊपर ले जाती है, इसी कारण मोमबत्ती की लौ सदैव ऊपर की तरफ उठती है।

प्रश्न 6. क्या आप जानते हैं कि जंग लगे लोहे का वजन क्यों बढ़ जाता है?

उत्तर- जंग लगा हुआ लोहा 'आयरन ऑक्साइड' होता है। नमी की मौजूदगी में लोहा वायुमण्डल से ऑक्सीजन शोषित कर आयरन ऑक्साइड का निर्माण करता है, बढ़ा हुआ वजन वायुमण्डल से शोषित ऑक्सीजन के वजन के बराबर होता है। इसलिए जंग लगे लोहे का वजन बढ़ जाता है।

प्रश्न 7. क्या आप जानते हैं कि बादल क्यों बनते हैं?

उत्तर- पृथ्वी पर मौजूद जल सूर्य की गरमी से भाप बनकर ऊपर उठती है। ये वायु के उच्चतर क्षेत्र में जलकणों के रूप में संगठित हो जाती है। जलकणों से युक्त यही हवा बादलों की रचना करती है अर्थात् बादल बनती है।

प्रश्न 8. क्या आप जानते हैं कि मुर्दा (लाश) पानी पर क्यों तैरता है?

उत्तर- मृतक व्यक्ति का शरीर अर्थात् मुर्दा (लाश) का शरीर गैस के कारण पानी में फूलने लगता है । फूलने के कारण शरीर का आयतन बढ़ जाता है और घनत्व कम हो जाता है। जब शरीर का घनत्व पानी से कम हो जाता है तो मुर्दा (लाश) पानी पर तैरने लगता है।

प्रश्न 9. क्या आप जानते हैं कि डबलरोटी में छिद्र क्यों होते है?

उत्तर- जब मैदा को पानी में गूँथा जाता है तो इसमें कुछ खमीर मिला देते हैं। खमीर इस तरह का फफूँद है, जो मैदा में गर्मी और नमी के कारण बड़ी तेजी से बढ़ता है। इसके बढ़ने से एक प्रकार की गैस पैदा होती है तथा इसके बुलबुलों के कारण गूँथी हुई मैदा का आयतन बढ़ जाता है। सेंकने पर यह बुलबुला फूटकर छोटे-छोटे छिद्र का रूप धारण कर लेते हैं।

प्रश्न 10. क्या आप जानते हैं कि नख (नाखून) क्या है और यह कैसे बनता है?

उत्तर- नाखून बाह्य त्वचा (Epidermis) के रूपान्तरण से बनाते हैं। यह हाथों तथा पैरों के अँगुलियों के सिरों के ऊपरी तल को सुरक्षा प्रदान करते हैं। इनकी वृद्धि नाखून की जड़ों में स्थित मृत कोशिकाओं के बाहर की ओर ढकेले जाने से होती है।

प्रश्न 11. क्या आप जानते हैं कि बाल क्या है?

उत्तर– बाल त्वचा की मालपीघियन कोशिकाओं से उत्पन्न होते हैं। इन कोशिकाओं से बालों की जड़ें उत्पन्न होती हैं। बाल मुख्यत: दृढ़ किरेटिन से बनते है। इनके मुख्यत: तीन भाग होते हैं जड़, स्तम्भ तथा बल्ब। त्वचा से बाहर निकला भाग स्तम्भ, तथा त्वचा के भीतर जुड़ा हुआ भाग जड़ होता है। इसका सबसे निचला भाग बल्ब होता है, जो जड़ के भीतर होता है।

प्रश्न 12. क्या आप जानते हैं कि बर्फ पानी पर क्यों तैरती है?

उत्तर– पानी जब बर्फ में बदलता है तो उसका आकार भी बढ़ जाता है, लेकिन उसमें मौजूद पानी की मात्रा नहीं बढ़ती है। इस प्रकार बर्फ के रूप में आने पर पानी का घनत्व कम हो जाता है जिससे वह पानी पर तैरने लगता है।

प्रश्न 13. क्या आप जानते हैं कि अल्कोहल क्या होता है?

उत्तर– सामान्य भाषा में अल्कोहल को शराब कहते हैं। शुद्ध एथिल अल्कोहल रंगहीन, पारदर्शी, वाष्पशील द्रव होता है जिसमें स्पिरिट जैसी गंध तथा ज्वलनशील कड़ुवा स्वाद होता है।

प्रश्न 14. क्या आप जानते हैं कि आनुवांशिक लक्षण किसे कहते है?

उत्तर– जीवों की एक पीढ़ी से दूसरी पीढ़ी (माता-पिता के लक्षण बच्चों में जाना) में जाने वाले लक्षणों को वंशागत अथवा आनुवांशिकी लक्षण कहते हैं। इस शब्द का सर्वप्रथम प्रयोग बेटसन ने सन् 1906 में किया था।

प्रश्न 15. क्या आप जानते हैं कि ब्रह्माण्ड की उत्पत्ति कैसे हुई?

उत्तर– ब्रह्माण्ड की उत्पति एक बहुप्रचलित महाविस्फोट सिद्धांत के अनुसार लगभग 15 अरब वर्ष पूर्व अत्यंत संघनित द्रव्य के अकस्मात विस्फोट से हुई। और विस्फोट से पृथ्वी की उत्पत्ति लगभग 5 अरब वर्ष पूर्व हुई मानी जाती है।

प्रश्न 16. क्या आप जानते हैं कि प्रकाश क्या है?

उत्तर– प्रकाश से हम सब अच्छी तरह से परिचित हैं। प्रकाश की सहायता से ही हम एक दूसरे को देखते हैं। अत: हम कह सकते हैं कि प्रकाश वह भौतिक साधन है जिसके द्वारा हम सभी वस्तुओं को देख सकते हैं। प्रकाश का सबसे बड़ा उदाहरण टार्च है, जिसकी सहायता से हम अंधेरी रात में भी देख सकते हैं।

प्रश्न 17. क्या आप जानते हैं कि समतल, अवतल तथा उत्तल दर्पणों की पहचान कैसे की जा सकती है?

उत्तर– समतल, अवतल तथा उत्तल दर्पण की पहचान दो तरीकों से की जा सकती है–

1. **स्पर्श करके :** जिस दर्पण की पहचान करनी हो उसके परावर्तक तल को स्पर्श किया जाता है। जिस दर्पण का परावर्तक तल उभरा हुआ होता है वह उत्तल दर्पण होता है, यदि दर्पण का परावर्तक तल एकदम समतल हो तो वह समतल दर्पण होता है। यदि परावर्तक तल को स्पर्श करने पर परावर्तक तल अंदर की ओर दबा हुआ मालूम होता है, तो वह दर्पण अवतल दर्पण होता है।

2. **प्रतिबिम्ब देखकर :** जिस दर्पण की पहचान करनी होती है, उसके पास किसी वस्तु को लाकर उसे धीरे-धीरे दर्पण से दूर हटाते हैं तथा दर्पण में बने हुए प्रतिबिम्ब को देखते हैं। यदि सीधे प्रतिबिम्ब का आकार घटता जाता है तो वह दर्पण उत्तल होगा, यदि सीधे प्रतिबिम्ब का आकार बढ़ता जाता है तब वह अवतल दर्पण होगा। यदि सीधे प्रतिबिम्ब का आकार स्थिर रहता है तो वह समतल दर्पण होगा।

यदि दर्पण को निकट लाना संभव न हो तो दूर से दर्पण में किसी वस्तु का प्रतिबिम्ब देखने पर यदि प्रतिबिम्ब उल्टा बना हो तो दर्पण अवतल होगा, यदि यह प्रतिबिम्ब सीधा हो तो दर्पण उत्तल तथा यदि प्रतिबिम्ब सीधा तथा वस्तु के समान आकार का हो तो दर्पण समतल होगा।

प्रश्न 18. क्या आप जानते हैं कि पानी कैसे बनता है?

उत्तर– हाइड्रोजन और ऑक्सीजन नाम की दो गैसों के मिलने से पानी बनता है। ऑक्सीजन का एक परमाणु जब हाइड्रोजन के दो परमाणुओं से मिलता है तब पानी का एक अणु बनता है इस तरह के 1,000,000,000,000,000,000,000,000 अणुओं के इकट्ठा होने पर पानी की एक बूँद बनती है।

प्रश्न 19. क्या आप जानते हैं कि मनुष्य के फेफड़ों में कितनी थैलियाँ होती हैं?

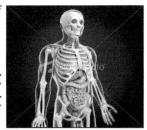

उत्तर- मनुष्य के फेफड़ों में लगभग 600 वायु के थैले और 75 करोड़ वायुकोष्ठ होते हैं, जिनका काम फेफड़ों द्वारा शरीर में शुद्ध वायु पहुँचाना और भीतर की अशुद्ध वायु को बाहर निकालना होता है।

प्रश्न 20. क्या आप जानते हैं कि हमें छींक क्यों आती है?

उत्तर- श्वास की नली में किसी वस्तु के फँस जाने पर श्वास नली में उत्तेजना पैदा होती है, तब श्वास नली की सफाई के लिए भीतर से हवा का एक तेज झोंका निकलता है। जिसे हम छींक कहते हैं।

प्रश्न 21. क्या आप जानते हैं कि छींक का वेग कितना होता है?

उत्तर- छींक का वेग 100 मील प्रति घंटा होता है।

प्रश्न 22. क्या आप जानते हैं कि कुहरा क्या है?

उत्तर- कुहरा हवा में मिली हुई एक भाप है, जो संघनित होकर कोहरे का रूप धारण कर लेती है।

प्रश्न 23. क्या आप जानते हैं कि गाँवों की अपेक्षा शहरों में सर्दी के मौसम में कुहरा क्यों अधिक पड़ता हैं?

उत्तर- शहरों के वायुमंडल में अधिक मात्रा में मोटर वाहन चलने के कारण धूल के कण बहुत ज्यादा मात्रा में होते है, जिससे शहरों में कुहरा अधिक पड़ता है।

प्रश्न 24. क्या आप जानते हैं कि सूरज का प्रकाश कितने रंगों से मिलकर बना है?

उत्तर- सूर्य का जो प्रकाश हम देखते हैं, वह सात रंगों के किरणों से मिलकर बना है।

प्रश्न 25. क्या आप जानते हैं कि आकाश नीला क्यों दिखायी देता है?

उत्तर- सूर्य की रोशनी में सात रंगों के किरण होते हैं, सात रगों में से सभी छः रंग वायुमंडल को पार कर जाती है, लेकिन नीले रंग की किरण धूल के कणों से टकराकर बिखर जाती है जिसके कारण आकाश नीला दिखायी देता है।

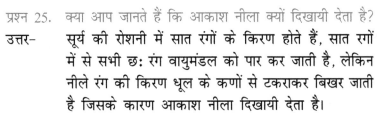

प्रश्न 26. क्या आप जानते हैं कि सूर्योदय पूर्व में ही क्यों होता है और यह पश्चिम में ही क्यों डूबता है?

उत्तर- **पृथ्वी अपनी धुरी पर घूमती हुई सूर्य की परिक्रमा करती है, धुरी पर उसके घूमने की दिशा पश्चिम से पूर्व की ओर है इसलिए सूर्य हमेशा पूर्व की ओर से उगते तथा पश्चिम में डूबते हुए दिखाई पड़ता है।**

प्रश्न 27. क्या आप जानते हैं कि पृथ्वी का वजन कितना है?

उत्तर- **सन् 1797-98 में इंग्लैंड के एक प्रसिद्ध वैज्ञानिक हेनरी कैवेंडिश ने हिसाब लगाकर बताया था कि पृथ्वी का वजन 5.9736×10^{24} कि.ग्रा. है।**

प्रश्न 28. क्या आप जानते हैं कि मिट्टी क्या है?

उत्तर- **मिट्टी चट्टानों का चूर्ण है, इसमें पोटाश, फास्फेट, नाइट्रेट आदि कई रासायनिक तत्त्व तथा जैवद्रव्य होते हैं।**

प्रयन 29. क्या आप जानते हैं कि साँप अपनी केंचुली कैसे बदलते हैं?

उत्तर **साँपों का शरीर जीवन भर बढ़ता रहता है। शारीरिक वृद्धि के कारण उनकी त्वचा छोटी पड़ जाती है, इसीलिए साँप अपनी बाहरी त्वचा (केंचुली) एक निर्धारित समय (लगभग एक से तीन माह) के पश्चात् छोड़ देते हैं।**

जब साँप को अपनी केंचुली बदलनी होती है तब वह अपने मुँह को किसी खुरदरी जगह से रगड़ता है और अपने आप को किसी संकरी (तंग) स्थान में टेढ़ा-मेढ़ा फँसा लेता है और अपने शरीर से जबरदस्ती कर वह अपना केंचुल वहीं छोड़ देते हैं।

प्रश्न 30. क्या आप जानते हैं कि क्या मक्खियाँ, चीटियाँ और पतंगों को सुनाई नहीं पड़ता है?

उत्तर- **ये सब बहरे होते हैं, कितनी भी तेज आवाज हो पर इन्हें कुछ सुनाई नहीं देगा।**

प्रश्न 31. क्या आप जानते हैं कि हमारे द्वारा खाया गया भोजन कैसे पचता है?

उत्तर- **जो कुछ हम खाते-पीते हैं, वह सब पानी के कारण पचता है। जो कुछ भी हम खाते हैं वह सभी तत्त्व पानी के सहारे सारे शरीर में पहुँचते हैं, जिससे हमारा भोजन पचता है।**

प्रश्न 32. क्या आप जानते हैं कि हवा किन गैसों के मिश्रण से बनी है?

उत्तर– हवा कई गैसों के मिश्रण से बनी है, इनमें सबसे प्रमुख गैस नाइट्रोजन (78 प्रतिशत) तथा ऑक्सीजन (21 प्रतिशत) हैं इनके अलावा थोड़ी मात्रा में कार्बन डाइऑक्साइड पानी की वाष्प तथा बहुत ही कम मात्रा में ओजोन, हाइड्रोजन, आर्गन आदि गैसें भी होती हैं।

प्रश्न 33. क्या आप जानते हैं कि प्रकाश (लाइट) क्या है?

उत्तर– प्रकाश (लाइट) एक प्रकार की ऊर्जा है, जो हमारे दृष्टि ज्ञान को जागृत करता है और जिसके द्वारा हम सभी वस्तुओं को देख सकते हैं। सूर्य प्रकाश का सबसे अच्छा उदाहरण है।

प्रश्न 34. क्या आप जानते हैं कि दर्पण किसे कहते हैं?

उत्तर– वह चिकना एवं पालिशदार तल जिस पर पड़ने वाले प्रकाश का अधिकांश भाग किसी निश्चित दिशा में परिवर्तित हो जाती है, दर्पण (मिरर) कहलाता है।

प्रश्न 35 क्या आप जानते हैं कि निकट दृष्टि दोष क्या होता है?

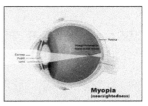

उत्तर– जिस मनुष्य में निकट दृष्टि दोष होता है वह नजदीक की वस्तु को तो स्पष्ट देख सकता है, किन्तु दूर की वस्तुओं को स्पष्ट नहीं देख पाता है।

प्रश्न 36– क्या आप जानते हैं कि दूर दृष्टि दोष क्या होता है?

उत्तर– दूर दृष्टि दोष से ग्रसित व्यक्ति की आँखें दूर की वस्तुओं को स्पष्ट देख सकती हैं, किन्तु निकट की वस्तुओं को नहीं देख पाती हैं।

प्रश्न 37– क्या आप जानते हैं कि स्पष्ट दृष्टि की न्यूनतम दूरी क्या है?

उत्तर– वह दूरी जहाँ पर रखी गयी वस्तु को स्वस्थ आँखों द्वारा स्पष्ट रूप से देखा जा सकता है। उसे स्पष्ट दृष्टि की न्यूनतम दूरी कहते हैं। इस का मान 25 सेमी. होता है।

प्रश्न 38– क्या आप जानते हैं कि खगोलीय दूरदर्शी (दूरबीन) क्या होती है?

उत्तर– वह यन्त्र जिसकी सहायता से आकाशीय पिण्डों को आसानी से देखा जा सकता है, उसे खगोलीय दूरदर्शी कहते हैं।

प्रश्न 39– क्या आप जानते हैं कि ऊर्जा क्या होती है?

उत्तर– जिस कारण से किसी वस्तु में कार्य करने की क्षमता रहती है, उसे ऊर्जा कहते हैं, अर्थात् कार्य करने की क्षमता को ऊर्जा कहते हैं।

प्रश्न 40– क्या आप जानते हैं कि ठंडी के मौसम में हैण्डपम्प का पानी क्यों गर्म होता है?

उत्तर– शीतकाल में हैण्डपम्प का पानी इसलिए गर्म होता है, क्योंकि पृथ्वी के अन्दर का तापमान वायुमण्डल के तापमान से अधिक होता है, और पानी पृथ्वी के अंदर से ही आती है इसीलिए ठंडी के मौसम में हैण्डपम्प का पानी गर्म होता है।

प्रश्न 41– क्या आप जानते हैं कि श्वेत प्रकाश कितने रंगों का मिश्रण है और वे रंग कौन–कौन से हैं?

उत्तर– श्वेत प्रकाश सात रंगों का मिश्रण होता है। जिसमें बैंगनी, जामुनी, नीला, हरा, पीला, नारंगी एवं लाल रंग होता है।

प्रश्न 42– क्या आप जानते हैं कि अंतरिक्ष यात्री को आकाश काला क्यों दिखायी देता है?

उत्तर– अंतरिक्ष में वायुमण्डल की अनुपस्थिति के कारण अंतरिक्ष यात्री को आकाश काला दिखायी देता है।

प्रश्न 43– क्या आप जानते हैं कि टेलीकास्ट किसे कहते हैं?

उत्तर– टेलीकास्ट द्वारा किसी भी कार्यक्रम का प्रसारण टेलीविजन पर किया जाता है।

प्रश्न 44– क्या आप जानते हैं कि एक्स–रे (X-Ray) क्या है?

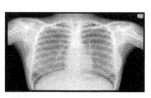

उत्तर– एक्स–रे एक प्रकार का विद्युत चुम्बकीय विकिरण है, जिसकी तरंगदैर्ध्य 0.01 से 10 नैनोमीटर की रेंज में होती है।

प्रश्न 45– क्या आप जानते हैं कि दूध को मथने पर मक्खन क्यों अलग हो जाती है?

उत्तर– स्क्रिमिंग वह प्रक्रिया है जिससे क्रीम दूध से अलग हो जाती है तथा इस प्रक्रिया में उपकेन्द्र बल महत्त्वपूर्ण भूमिका अदा करता है।

प्रश्न 46– क्या आप जानते हैं कि विद्युत बल्ब के अन्दर कौन–सी गैस भरी होती है?

उत्तर– विद्युत बल्ब में निष्क्रिय गैस आर्गन 93% और साथ ही अल्प मात्रा में नाइट्रोजन गैस 7% भरी होती है।

प्रश्न 47- क्या आप जानते हैं कि जब पक्षी बहुत ऊँचाई पर उड़ते हैं उस समय उन्हें साँस लेने में परेशानी क्यों नहीं होती है?

उत्तर- पक्षियों के फेफड़ों से वायु कोश जुड़े होते हैं, ये वायुकोश पक्षियों को अतिरिक्त वायु संग्रहित कर उसे फेफड़ों तक पहुँचाने में मदद करते हैं। इसी कारण पक्षियों को उड़ान के दौरान आवश्यक ऑक्सीजन की आपूर्ति निरंतर होती रहती है। यही कारण है कि पक्षी जब ऊँचाई पर उड़ते हैं तब भी उन्हें साँस लेने में परेशानी नहीं होती है।

प्रश्न 48- क्या आप जानते हैं कि ठंडी के मौसम में एक मोटी कमीज की अपेक्षा दो पतली कमीजें हमारे शरीर को अधिक गर्म क्यों रखती है?

उत्तर- जब हम दो पतली कमीजें पहनते हैं तो दोनों कमीजों के बीच वायु (हवा) परतरोधी माध्यम के रूप में काम करती है। वायु ऊष्मा का कुचालक होता है इसलिए ठंडी के मौसम में एक मोटी कमीज की अपेक्षा दो पतली कमीजें पहनने पर हमारे शरीर को अधिक गर्मी मिलती है।

प्रश्न 49- क्या आप जानते हैं कि सर्दी के मौसम में हैण्डपम्प व कूएँ का पानी गरम रहता है, लेकिन छत पर रखी टंकी का पानी बहुत ठंडा क्यों होता है?

उत्तर- सर्दी के मौसम में पृथ्वी की उष्मा बाहर नहीं आ पाती है जिससे पृथ्वी का भीतरी भाग गर्म रहता है और यही कारण है कि सर्दी के मौसम में हैण्डपम्प और कुएँ का पानी गर्म रहता है और टंकी का पानी ठंडा।

प्रश्न 50- क्या आप जानते हैं कि टीआरपी रेटिंग क्या होती है?

उत्तर- टीआरपी का पूरा नाम टेलीविजन रेटिंग पाइंट्स है। इसका कार्य टेलीविजन कार्यक्रमों की लोकप्रियता मापना है, ये काम टेलीविजन ऑडिएन्स मैजरमेंट संस्था करती है।

प्रश्न 51- क्या आप जानते हैं कि सिनेमाघरों के परदे किसके बने होते हैं और यह सफेद क्यों होते हैं?

उत्तर- सिनेमाघरों के परदे आमतौर पर विनायल के बने होते हैं। ये पर्दे सफेद इसलिए होते हैं, ताकि परदे पर दिखाई देने वाले तस्वीरें और रंग (कलर) साफ व स्वच्छ दिखायी दें।

प्रश्न 52– क्या आप जानते हैं कि सीएफएल (CFAL) बल्ब से बिजली की बचत कैसे होती है?

उत्तर– सीएफएल बल्ब में सल्फर पाउडर होता है, जिसकी वजह से इसकी रोशनी दुधिया रंग की होती है और कम वोल्टेज पर यह अधिक चमकती है।

प्रश्न 53– क्या आप जानते हैं कि माँ के दूध से बच्चों की आई. क्यू क्यों बढ़ती है?

उत्तर– माँ के दूध में फैटी एसिड पाया जाता है जिससे नवजात बच्चों के आई क्यू में वृद्धि होती है।

प्रश्न 54– क्या आप जानते हैं कि डबलरोटी पर फफूँद क्यों लगती है?

उत्तर– बहुत ही बारीक कण से मिलकर बना वह समूह जिसे हम स्पोर्स कहते हैं, जब किसी नमीयुक्त खाद्य पदार्थ पर आकर जमता है तो उस खाद्य पदार्थ पर भूरे या हरे रंग का चिकत्ता बन जाता है, जिसे हम फफूँद कहते हैं।

प्रश्न 55– क्या आप जानते हैं कि सोते समय प्यास क्यों नहीं लगती है?

उत्तर– जब हम सो जाते हैं तब हमारे शरीर में वेसोप्रेसीन नामक हार्मोन की मात्रा बढ़ जाती है और हमारे शरीर में पानी का संग्रह अधिक मात्रा में रहता है। इसलिए सोते समय हमें प्यास नहीं लगती है।

प्रश्न 56– क्या आप जानते हैं कि चेतावनी के लिए लाल रंग का प्रयोग क्यों किया जाता है?

उत्तर– लाल रंग की तरंगों की लम्बाई अधिक होती है, अर्थात् लाल रंग को काफी दूर से भी देखा जा सकता है इसलिए चेतावनी के लिए लाल रंग का प्रयोग किया जाता है।

प्रश्न 57– क्या आप जानते हैं कि खाना (भोजन) क्यों पकाया जाता है?

उत्तर– भोजन में सूक्ष्म (अत्यन्त छोटे) जीव और विषैले पदार्थ मौजूद होते हैं, ये शरीर में पहुँचने पर पाचक इंजाइम को नष्ट कर देते हैं। अत: शरीर को स्वस्थ व स्वाद के लिए भोजन को पकाया जाता है।

प्रश्न 58– क्या आप जानते हैं कि हँसने पर डिंपल क्यों बन जाते हैं?

उत्तर– जब बच्चा माँ के पेट में होता है तभी किन्हीं कारणों से सबक्यूटेनीयस कनेक्टिव ऊतक में कुछ परिवर्तन हो जाता है जिसके कारण हँसने पर चेहरे पर डिंपल बन जाता है।

प्रश्न 59– क्या आप जानते हैं कि कागज को 7 या 8 बार से अधिक क्यों नहीं मोड़ा जा सकता?

उत्तर– कागज जितना मुड़ता जाता है, उतना ही उसका क्षेत्रफल घटता जाता है अर्थात् जितना कागज मुड़ता जाता है, उतना कागज का अंदरूनी दबाव बढ़ता जाता है इसलिए सातवीं तह के बाद कागज को मोड़ पाना असम्भव हो जाता है।

प्रश्न 60– क्या आप जानते हैं कि रिमोट कैसे काम करता है?

उत्तर– रिमोट का बटन दबाने पर रिमोट में से एक किरण निकलती है जिसे इन्फ्रारैड किरण कहते हैं। इस किरण को हम आँखों से नहीं देख सकते लेकिन हमारा टेलीविजन, सीडी, डीवीडी, म्यूजिक सिस्टम आदि इन किरणों को कैच कर लेता है और रिमोट के निर्देशानुसार कंट्रोल हो जाता है।

प्रश्न 61– क्या आप जानते हैं कि पसीने से दुर्गन्ध क्यों आती है?

उत्तर– वैसे तो शरीर से निकलने वाले पसीनों में कोई गंध नहीं होता है। मानव शरीर में एक्राइन और ऐप्रोक्राइन नामक दो प्रकार का पसीना निकलता है। जब मानव शरीर से एप्रोक्राइन नामक पसीना निकलता है तो वह हमारे शरीर के बैक्टीरिया के संपर्क में आता है और बैक्टीरिया उस पसीने को पचाने लगता है जिससे एक तरह की दुर्गन्ध पैदा होती है।

प्रश्न 62– क्या आप जानते हैं कि डरे या घबराए हुए व्यक्ति को ठंडी के मौसम में भी पसीना क्यों आता है?

उत्तर– जब कोई व्यक्ति डरता या घबराता है तो उसका मस्तिष्क केन्द्रीय स्नायु तंत्र (सेन्ट्रल नर्वस सिस्टम) को चौकन्ना कर देता है जिससे नाड़ियाँ सक्रिय हो जाती हैं और एड्रिनल ग्लैंड या अधिवृक्क ग्रन्थि से एपाइन फ्राइन का रिसाव होने लगता है, जिससे हमारे पसीने की ग्रंथियाँ सक्रिय हो जाती हैं और ठंडी के मौसम में भी हमारे शरीर से पसीना छूटने लगता है।

प्रश्न 63– क्या आप जानते हैं कि शर्म आने पर हमारा चेहरा क्यों लाल हो जाता है?

उत्तर– जब हमें शर्म आती है तब हमारी अधिवृक्क ग्रन्थि से एड्रिनलीन का स्त्राव होने लगता है जिससे एडेनिलिल साइक्लेज नामक एंजाइम क्रियाशील हो उठता है, जिसके कारण साइक्लिक एएमपी का स्तर बढ़ने लगता है और रक्त

वाहिकाएँ फैल जाती हैं, जिससे हमारे चेहरे का रंग गुलाबी या लाल हो जाता है।

प्रश्न 64– क्या आप जानते हैं कि मिर्ची खाने पर हमें पसीना क्यों आता है?

उत्तर– मिर्ची में कैप्सेसिन नामक तत्व होता है। अत: जब हम मिर्ची खाते हैं तो कैप्सेसिन हमारे शरीर में पहुँच जाता है। जिससे हमारे शरीर का तापमान बढ़ जाता है और फिर हमारे शरीर को ठंडा करने के लिए पसीने की ग्रंथियाँ सक्रिय (एक्टिव) हो उठती हैं और हमें पसीना आने लगता है।

प्रश्न 65– क्या आप जानते हैं कि मिठाई देखकर मुँह में पानी क्यों आ जाती है?

उत्तर– जब हम मिठाई देखते हैं तो हमें उसका स्वाद याद आ जाता है, जिससे हमारी ग्रन्थियाँ सक्रिय हो जाती हैं और हमारे मुँह में लार बनने लगती है।

प्रश्न 66– क्या आप जानते हैं कि हिचकी क्यों आती है?

उत्तर– जब हमारे फेफड़ों के डायफ्राम को नियंत्रित करने वाली नाड़ियों में कुछ उत्तेजना आती है जिससे खानों के तह के बीच में कुछ हवा फँस जाती है। इस हवा को बाहर निकालने के लिए हमें हिचकी आती है।

प्रश्न 67– क्या आप जानते हैं कि पहाड़ों पर बर्फ क्यों जमी रहती है?

उत्तर– पहाड़ ऊँचा होता है इसलिए उसका तापमान कम होता है, तापमान कम होने के ही कारण पहाड़ों पर बर्फ जमी रहती है।

प्रश्न 68– क्या आप जानते हैं कि ब्लूटूथ क्या है?

उत्तर– ब्लूटूथ बिना तार का ऐसा उपकरण है जिसके द्वारा म्यूजिक, इमेज, वालपेपर तथा अन्य डाटा को एक उपकरण से दूसरे उपकरण में आसानी से भेजा जाता है। ब्लूटूथ का आविष्कार सन् 1994 ई. में एरिक्सन टेलीकॉम कम्पनी द्वारा किया गया था।

प्रश्न 69– क्या आप जानते हैं कि प्याज काटने पर आँसू क्यों गिरते हैं?

उत्तर– प्याज में एक विशेष प्रकार की एसिड होती है। जब हम प्याज को काटते हैं तो वह एसिड प्याज काटने वाले के आँखों तक पहुँच जाती है और प्याज काटने वाले व्यक्ति के आँखों से आँसू निकलने लगते है।

प्रश्न 70- क्या आप जानते हैं कि गरमी के दिनों में भैंस क्यों पानी में घुस जाती है?

उत्तर- **भैंस का रंग काला होता है और काला रंग उष्मा को अवशोषित करता है, जिसके कारण गरमी के दिनों में भैंस को अत्यधिक गरमी लगने लगती है, वह गरमी से राहत पाने के लिए तालाबों में घुस जाती है।**

प्रश्न 71- क्या आप जानते हैं कि मकड़ी अपने जाल में क्यों नहीं फंसती है?

उत्तर- **मकड़ी के पैरों से एक प्रकार का तेल निकलता है जो उसे अपने द्वारा बुने हुए जाल (नेट) में नहीं फँसने देता है।**

प्रश्न 72- क्या आप जानते हैं कि चमगादड़ उल्टा क्यों लटकते हैं?

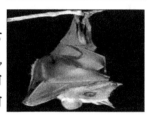

उत्तर- **चमगादड़ के पैरों की हड्डियाँ इतनी कमजोर होती हैं कि वह चमागादड़ के शरीर का भार भी नहीं उठा पाती है, इसलिए चमगादड़ वृक्षों पर उल्टे लटके रहते हैं, जिससे उनके शरीर का भार उनके पैरों पर न होकर शरीर की माँसपेशियों और स्नायुओं पर पड़ता है।**

प्रश्न 73- क्या आप जानते हैं कि खेतों में खाद क्यों डाला जाता है?

उत्तर- **खेतों के मिट्टी की उर्वरक शक्ति बढ़ाने और अधिक पैदावार उत्पन्न करने के लिए किसान खेतों में खाद डालते हैं?**

प्रश्न 74- क्या आप जानते हैं कि मधुमक्खियों के भिनभिनाहट की आवाज कहाँ से निकलती है?

उत्तर- **मधुमक्खियों के भिनभिनाहट की आवाज उनके मुँह से नहीं बल्कि पंखों को लगातार फड़फड़ाने से निकलती है।**

प्रश्न 75- क्या आप जानते हैं कि हमें नींद लेने की आवश्यकता क्यों पड़ती है?

उत्तर- **नींद लेने से दिन भर की थकान दूर होती है, तरोताजगी मिलती है और शारीरिक ऊर्जा की मामूली सी बचत होती है।**

प्रश्न 76- क्या आप जानते हैं कि चींटियाँ कतार में कैसे चलती हैं?

उत्तर- **चींटियों में कुछ ग्रंथियाँ होती हैं जिनसे फैरोमोंस नामक रसायन निकलते हैं, इन्हीं के जरिए वे एक दूसरे के संपर्क में रहती है और रानी चींटी द्वारा छोड़े गये फैरोमांस को सूँघते हुए रानी के पीछे कतार के रूप में चलती रहती हैं।**

प्रश्न 77- क्या आप जानते हैं कि मोबाइल फोन का आविष्कार कब और किसने किया था?

उत्तर- मोबाइल फोन बनाने का श्रेय डॉ. मार्टिन कूपर को जाता है। सन् 1973 में उन्होंने मोबाइल फोन का आविष्कार किया और पहला कॉल उन्होंने तीन अप्रैल 1973 को न्यूयार्क के मैनहटन इलाके में खड़े होकर की। मार्टिन कूपर द्वारा प्रयोग किया गया मोबाइल एक ईंट जितना बड़ा और करीब एक किलोग्राम वजन का था।

प्रश्न 78- क्या आप जानते हैं कि पेट्रोल पम्प पर 'मोबाइल फोन वर्जित' क्यों लिखा रहता है?

उत्तर- मोबाइल फोन एक से दो वाट तक की रेडियो तरंग पैदा करता है जो चिंगारी उत्पन्न करने के लिए काफी है। कहीं मोबाइल फोन के चिंगारी से पेट्रोल में आग न लग जाए इसलिए पेट्रोल पम्प पर मोबाइल बंद रखने की सलाह दी जाती है।

प्रश्न 79- क्या आप जानते हैं कि 'कोमा' क्या होता है?

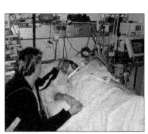

उत्तर- कोमा यूनानी शब्द है जिसका अर्थ होता है- गहरी नींद। दिमागी चोट लग जाने से कभी-कभी मनुष्य कोमा में चला जाता है, जहाँ से उसे जगाया नहीं जा सकता है, न तो उसे दर्द की अनुभूति होती है और न ही आँख पर रोशनी डालने पर वह कोई प्रतिक्रिया व्यक्त करता है अर्थात् कोमा में गया व्यक्ति खुद कुछ नहीं कर सकता है।

प्रश्न 80- क्या आप जानते हैं कि कुछ लोगों की त्वचा कटने पर अधिक खून क्यों बहता है?

उत्तर- जिन व्यक्तियों में विटामिन K की कमी होती है, उनके शरीर के किसी अंग के कट जाने पर शीघ्र खून बंद नहीं होता है। खून के जमने के लिए एड्रोनेलिन कैल्शियम क्लोराइड तथा विटामिन K से सहायता मिलती है।

प्रश्न 81- क्या आप जानते हैं कि कुत्ता, तेंदुआ, शेर और चीता बिल्ली की तरह घुरघुरा क्यों नहीं पाते हैं?

उत्तर- इन पशुओं के गले की हड्डियों की बनावट अलग किस्म की होती है, जिसके कारण ये घुरघुरा नहीं पाते हैं बल्कि दहाड़ते या भौंकते हैं।

प्रश्न 82– क्या आप जानते हैं कि गोताखोर धातु का कवच पहनकर समुद्र में डुबकी क्यों लगाते हैं?

उत्तर– जल में प्रति 10 मीटर नीचे जाने पर दाब में वृद्धि 1 वायुमण्डलीय दाब के बराबर हो जाती है। यदि यह अतिरिक्त दाब सीधे गोताखोर के शरीर पर पड़े तो वह जल के भीतर 20-30 मीटर से अधिक नीचे नहीं उतर सकता। इससे अधिक गहराई तक उतरने के लिए वह धातु का मजबूत कवच पहन लेता है जिससे जल का दाब उसके शरीर पर न पड़कर कवच पर पड़ने लगता है। कवच के भीतर गोताखोर के शरीर पर दाब लगभग वायुमण्डल के दाब के बराबर ही बना रहता है।

प्रश्न 83– क्या आप जानते हैं कि किसी बल्ब को उसके अंकित बोल्टेज पर ही क्यों जलाना चाहिए?

उत्तर– यदि किसी बल्ब को उस पर अंकित बोल्टेज से अधिक पर जलाया जाता है तो बल्ब की आयु घट जाती है तथा वोल्टेज अधिक होने पर तंतु पिघलकर टूट भी सकता है।

प्रश्न 84– क्या आप जानते हैं कि घर के आटे की चक्की को घुमाने वाला हत्था उसकी कीली से दूर क्यों लगाया जाता है?

उत्तर– घर के आटे की चक्की व हैण्डपम्प का हत्था दूर लगाने का कारण यह है कि हत्था कीली से जितनी दूर होगा हत्थे पर लगाये गये बल का कीली के परित: आघूर्ण उतना ही अधिक होगा। इस प्रकार हत्थे पर कम बल लगाकर भी चक्की को आसानी से घुमाया जा सकता है।

प्रश्न 85– क्या आप जानते हैं कि किवाड़ पर हत्था कब्जे से दूर क्यों लगाया जाता है?

उत्तर– हत्था से कब्जा जितनी अधिक दूरी पर होगा किवाड़ को घुमाने का आघूर्ण उतना ही अधिक होगा। इस प्रकार हत्थे पर कम बल लगाकर भी किवाड़ को आसानी से खोला व बन्द किया जा सकता है।

प्रश्न 86– क्या आप जानते हैं कि जहाज की पेंदी में भारी पदार्थ क्यों भरा जाता है?

उत्तर– जिससे पूरे जहाज का गुरुत्व केन्द्र नीचा हो जाता है और उसका संतुलन अधिक स्थायी हो जाता है।

प्रश्न 87– क्या आप जानते हैं कि दुमंजिली बसों के नीचे वाली मंजिल में अधिक यात्री क्यों बैठाये जाते हैं?

उत्तर– ताकि बस का गुरुत्व केन्द्र नीचा ही रहे तथा ऊँची-नीची सड़क आने पर बस के उलटने का भय न रहे।

प्रश्न 88– क्या आप जानते हैं कि रूई से भरी गाड़ी में नीचे भारी वस्तु क्यों रखा जाता है?

उत्तर– ताकि ऊँची नीची जगह में गाड़ी के झुकने पर गाड़ी पलट न जाये।

प्रश्न 89– क्या आप जानते हैं कि गोताखोरों को पानी से क्यों धीरे-धीरे खींचा जाता है?

उत्तर– यदि पानी से गोताखोरों को ऊपर खींच लें तो उनकी नाड़ियाँ फट जायेंगी तथा अंगों से खून रिसने लगेगा। धीरे-धीरे खींचने से उनके खून की अतिरिक्त वायु स्वयं ही बाहर निकल जाती है तथा उनकी नाड़ियों के फटने का भय नहीं रहता है। यही कारण है कि गोताखोरों को जल के भीतर से बहुत धीरे-धीरे ऊपर खींचा जाता है।

प्रश्न 90– क्या आप जानते हैं कि बाँध की दीवारें नीचे मोटी व ऊपर पतली क्यों बनाई जाती हैं?

उत्तर– बाँध की दीवारे नीचे मोटी व ऊपर पतली बनाने का कारण यह है कि दाब गहराई के साथ बढ़ता है अत: बाँध की तली में दीवार पर जल का बहुत अधिक दाब पड़ता है इसीलिए बाँध का आधार मोटी और जैसे-जैसे वह ऊपर उठती जाती है, पतली होती जाती है।

प्रश्न 91– क्या आप जानते हैं कि लोहे का जहाज पानी पर कैसे तैरता है?

उत्तर– लोहे का जहाज का पानी पर तैरने का कारण जहाज की विशेष आकृति होती है। जहाज का ढाँचा अवतल होता है तथा उसके अन्दर बहुत स्थान खाली रहता है। अत: ज्यों ही जहाज का कुछ भाग जल के भीतर जाता है। वह इतना जल हटा देता है जिसका भार जहाज व उसमें रखे सामान के भार के बराबर हो जाता है और जहाज तैरने लगता है।

प्रश्न 92- क्या आप जानते हैं कि नदी की अपेक्षा समुद्र में तैरना क्यों आसान होता है?

उत्तर- समुद्र के जल का घनत्व नदी के जल के घनत्व से अधिक होता है। अतः तैरने में मनुष्य को समुद्र के जल के अपेक्षाकृत कम आयतन हटाना होगा। इसलिए समुद्र में नदी की अपेक्षा तैरना आसान होता है।

प्रश्न 93- क्या आप जानते हैं कि सूर्य ठंडा क्यों नहीं हो पाता?

उत्तर- सूर्य के केंद्र में अत्यधिक दाब और ताप है जिसके कारण हाइड्रोजन गैस नाभिकीय हीलियम गैस के नाभिक में बदलते रहते हैं और उससे तापीय ऊर्जा उत्पन्न होती रहती है। यही कारण है कि सूर्य कभी ठंडा नहीं हो पाता है।

प्रश्न 94- क्या आप जानते हैं कि छिपकली दीवार पर चढ़ते समय क्यों नही गिरती?

उत्तर- जब छिपकली दीवारों पर चढ़ती है तो उस समय अपनी गद्दीनुमा पैरों को दीवार पर दबाकर शून्य उत्पन्न करती है। इस कारण दीवार से उसके पैरों की पकड़ मजबूत हो जाती है और वह नहीं गिरती है।

प्रश्न 95- क्या आप जानते हैं कि जीवनरक्षक पेटी क्या होती है?

उत्तर- यह रबड़ की बहुत खोखली रिंग होती है जिसमें वायु भरने पर इसका आयतन बहुत अधिक हो जाता है। अतः जब इसको पहनकर गोताखोर जल में कूदते हैं, तो मनुष्य सहित इसका भार इसके द्वारा हटाये गये जल के भार से कम रहता है और मनुष्य डूबने नहीं पाता।

प्रश्न 96- क्या आप जानते हैं कि मोटी कील की अपेक्षा नुकीली कील दीवार में आसानी से क्यों गड़ जाती हैं?

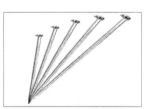

उत्तर- नुकीली कील को दीवार में ठोकने पर दीवार पर दाब अधिक पड़ता पड़ता है इसलिए कील दीवार में आसानी से दीवार में धँस जाती है।

प्रश्न 97- क्या आप जानते हैं कि भारी वाहनों के पहियों के टायर चौड़े क्यों बनाये जाते हैं?

उत्तर- भारी वाहनों के पहियों के टायर काफी चौड़े इसलिए बनाये जाते हैं, क्योंकि इससे भूमि पर दाब कम पड़ता है तथा भूमि कच्ची होने पर भी वाहन के धँसने और पंचर होने का डर नहीं रहता है।

प्रश्न 98- क्या आप जानते हैं कि अँगीठी में लगी लोहे की छड़ों के सिरों को स्वतंत्र क्यों छोड़ देते हैं?

उत्तर- ताकि गरमी पाने पर वह बढ़ सके वरना टेढ़ी हो जायेंगी।

प्रश्न 99- क्या आप जानते हैं कि टेलीफोन व बिजली के तारों को ढीला क्यों रखा जाता है?

उत्तर- ताकि ठंडी के दिनों में टेलीफोन व बिजली के तार सिकुड़कर टूट न जायें।

प्रश्न 100-क्या आप जानते हैं कि मोटे काँच के गिलास में खौलता जल डालने पर गिलास क्यों चटख जाता है?

उत्तर- इसका कारण यह है कि गर्म जल डालने पर गिलास के दीवार की अन्दर की सतह तुरंत गर्म होकर फैल जाती है, परन्तु कुचालक होने के कारण यह उष्मा दीवार की मोटाई को शीघ्र पार करके बाहर की सतह पर नहीं पहुँच पाती है। अत: बाहर की सतह तुरंत नहीं फैल पाती इसी बीच अन्दर की बढ़ती हुई सतह बाहर की सतह पर दाब डालती है और गिलास चटख जाता है।

प्रश्न 101. क्या आप जानते हैं कि शीशे के गिलास में चम्मच डालकर यदि गर्म जल डाला जाए तो गिलास क्यों नहीं फूटता है?

उत्तर- क्योंकि तब जल की अधिकतम उष्मा चम्मच ही ग्रहण कर लेता है इसलिए शीशे का गिलास नहीं फूटता है।

प्रश्न 102-क्या आप जानते हैं कि ठंडे देशों में तालाबों और नदियों के जम जाने पर भी उनमें मछलियाँ कैसे जीवित रहती हैं?

उत्तर- ठंडे देशों में जाड़े के दिनों में वायु का ताप 0°C से भी कम हो जाता है इसलिए वहाँ के तालाबों व नदियों का जल जमने लगता है। चूँकि बर्फ उष्मा का कुचालक होता है। अत: नीचे के 4°C वाले जल की उष्मा को वह बाहर नहीं जाने देता है इसीलिए तालाब या नदी के नीचे वाला जल का तापमान 4°C रहता है जिसके कारण वह जमने से बच जाता है। यही कारण है कि ठंडे प्रदेशों में तालाबों, नदियों के जम जाने पर भी उनमें रहने वाली मछलियाँ जीवित रहती हैं।

प्रश्न 103-क्या आप जानते हैं कि जाड़ों के मौसम में पहाड़ी चट्टानें स्वयं क्यों फट जाती हैं?

उत्तर- **चट्टान के छिद्रों और दरारों में से होकर जल (पानी) जब पहाड़ी चट्टानों के भीतर चला जाता है तब वह जल चट्टान के अंदर जमने लगता है जिससे आयतन का प्रसार होता है और आयतन का प्रसार चट्टान पर इतना दाब डालता है, कि जाड़े के मौसम में पहाड़ी चट्टाने स्वयं फट जाती हैं।**

प्रश्न 104- क्या आप जानते हैं कि पौधे के अन्दर जल जम जाने पर पौधें की नसें क्यों फट जाती हैं?

उत्तर- **जब पौधे की नसों में बहने वाला जल जमकर बर्फ बनता है तो उसका आयतन भी बढ़ता है, इससे नसों पर इतना दाब पड़ता है कि पौधे की नसें फट जाती हैं।**

प्रश्न 105-क्या आप जानते हैं कि हमारे दाँतों को बर्फ की अपेक्षा आइसक्रीम अधिक ठंडी क्यों लगती है?

उत्तर- **क्योंकि आइसक्रीम जब हमारे मुँह में पिघलती है तो पर्याप्त उष्मा ले लेती है, इसीलिए जब हम आइसक्रीम खाते हैं तो बर्फ की अपेक्षा अधिक ठंड लगती है।**

प्रश्न 106-क्या आप जानते हैं कि सूर्य की ओर देखने के बाद जब हम अन्य वस्तुओं को देखते हैं तो हमें वो काली क्यों दिखाई देती है?

उत्तर- **जब हम सूर्य की ओर देखते हैं तब हमारे आँख की पुतली अपने आप (स्वत:) सिकुड़ जाती है। जब हम अपने आँख की सिकुड़ी हुई पुतली से अन्य वस्तुओं को देखते हैं तो इतना प्रकाश (लाइट) हमारी आँखों से देखा नहीं जाता है। इसलिए सूर्य की ओर देखने के बाद जब हम अन्य वस्तुओं को देखते हैं तो हमें सभी वस्तुएँ काली दिखायी देती हैं।**

प्रश्न 107-क्या आप जानते हैं कि समुद्र के पास वाले स्थानों की जलवायु पूरे वर्ष एक सा ही क्यों रहता है?

उत्तर- **समुद्र के पास वाले स्थानों की जलवायु पूरे वर्ष एक ही तरह रहने का कारण यह है कि जल की विशिष्ट उष्मा मिट्टी अथवा रेत की विशिष्ट उष्मा से लगभग दुगनी अधिक होती है। इसलिए गरमियों में दिन के समय समुद्र से दूर की पृथ्वी का ताप सूर्य से उष्मा लेकर तेजी से बढ़ जाता है। जबकि**

समुद्र के जल का ताप बहुत धीरे-धीरे बढ़ता है, रात के समय जब पृथ्वी तथा समुद्र का जल विकिरण द्वारा उष्मा छोड़ते हैं तो पृथ्वी का ताप तो शीघ्रता से गिर जाता है, परन्तु जल का ताप बहुत धीरे-धीरे गिरता है।

प्रश्न 108- क्या आप जानते हैं कि किसान जाड़ों में अपने पौधों को पाले से बचाने के लिए खेत में जल (पानी) क्यों भर देते हैं?

उत्तर- पौधे को पाले से बचाने के लिए किसान जाड़े के मौसम में खेतों में जल (पानी) भर देते हैं, क्योंकि जाड़े की रात में आसमान जब साफ रहता है तो पृथ्वी का ताप विकिरण द्वारा गिरने लगता है। कभी-कभी यह ताप हिमांक से भी नीचे गिर जाता है तब पौधों के अंदर मौजूद जल जम जाता है जैसे कि हम जानते हैं जल जमने के बाद फैलता है। जिसमें पौधों के नसें फट जाती हैं और फसल नष्ट हो जाता है।

प्रश्न 109- क्या आप जानते हैं कि उबलते हुए जल की अपेक्षा भाप से जलने पर अधिक कष्ट क्यों होता है?

उत्तर- उबलता हुआ जल हमारे शरीर पर गिरता है, तो हमारे शरीर के उस स्थान की त्वचा जल से उष्मा लेती है और चूँकि उष्मा त्वचा का कुचालक होता है इसलिए वह उष्मा पूरे शरीर में न जाकर उसी स्थान पर बनी रहती है। जिससे उस स्थान का ताप अन्य स्थानों की अपेक्षा ऊँचा हो जाता है तथा जलन उत्पन्न होती है। यही कारण है कि उबलते हुए जल की अपेक्षा भाप से जलने पर अधिक कष्ट होता है।

प्रश्न 110- क्या आप जानते हैं कि ओलों की वर्षा के बाद वायुमण्डल का ताप अधिक क्यों गिर जाता है?

उत्तर- ओलों की जब वर्षा होती है तब ये ओले गलने के लिए वायुमण्डल से बहुत अधिक उष्मा ले लेते हैं, यही कारण है कि पहाड़ों पर बर्फ गिरते समय इतनी ठंड नहीं होती है, जितनी कि बाद में बर्फ के गलते समय हो जाती है।

प्रश्न 111- क्या आप जानते हैं कि पहाड़ों की बर्फ बहुत धीरे-धीरे क्यों पिघलती हैं?

उत्तर- बर्फ की गुप्त उष्मा अधिक होने के कारण पहाड़ों की बर्फ बहुत धीरे-धीरे पिघलती है। यदि बर्फ की गुप्त उष्मा कम होती तो गरमियों में सारी बर्फ एक साथ गल जाती जिससे नदियों में बाढ़ आ जाती और जीवन अस्त-व्यस्त हो जाता।

प्रश्न 112- क्या आप जानते हैं कि थोड़ा ही बर्फ डालने पर भी बहुत सारा पानी क्यों ठंडा हो जाता है?

उत्तर- बर्फ की गुप्त उष्मा अधिक होने के कारण ही थोड़ी-सी बर्फ से ही काफी जल ठंडा हो जाता है।

प्रश्न 113- क्या आप जानते हैं कि गर्मी के मौसम में वर्षा होने से पहले व्याकुलता क्यों होने लगती है?

उत्तर- गर्मी के मौसम में वर्षा होने से पहले हवा नम हो जाती है, अर्थात् आपेक्षिक आर्द्रता बढ़ जाती है। जिससे वाष्पन की दर अत्यन्त कम हो जाती है और हमारे शरीर का पसीना नहीं सूखता है, जिससे हमारे शरीर में चिपचिपाहट हो जाती है। तब हम शरीर की अतिरिक्त उष्मा के कारण व्याकुलता का अनुभव करने लगते हैं।

प्रश्न 114- क्या आप जानते हैं कि बरसात में कपड़े देर से क्यों सूखते हैं?

उत्तर- चाहे जो मौसम हो, लेकिन गीले कपड़े वाष्पन द्वारा ही सूखते हैं और बरसात के मौसम में आपेक्षित आर्द्रता अधिक होती है जिससे वाष्पन की दर बहुत कम रहती है। यही कारण है कि बरसात के मौसम में कपड़े देर से सूखते हैं।

प्रश्न 115- क्या आप जानते हैं कि पैराशूट छतरी धीरे-धीरे नीचे क्यों उतरती है?

उत्तर- जब कोई व्यक्ति पैराशूट छतरी को लेकर वायुयान से नीचे छलांग लगाता है, तो पैराशूट छतरी स्वयं खुल जाती है और यह खुलने पर बहुत अधिक वायु हटाती है। हटायी गयी वायु का भार चालक व छतरी के भार से कम होता है, इससे चालक व पैराशूट छतरी का प्रभावी भार बहुत कम रह जाता है। यही कारण है कि पैराशूट छतरी जमीन पर बहुत धीरे-धीरे उतरती है।

प्रश्न 116- क्या आप जानते हैं कि आँखों पर भौंहें क्यों होती है?

उत्तर- आँखों को सुरक्षा प्रदान करने के उद्देश्य से प्रकृति ने आँखों पर भौंहों का निर्माण किया है। आँखों पर भौंहें होने से पसीने की बूँदों तथा बाहरी हवा व धूल के कण से हमारी आँखों को सुरक्षा मिलती है।

प्रश्न 117- क्या आप जानते हैं कि नवजात शिशु (छोटे बच्चे) जब रोते हैं, तो उनकी आँखों से आँसू क्यों नहीं निकलता है?

उत्तर- **समस्त मनुष्य के अन्दर बहुत सारी ग्रन्थियाँ होती हैं। उसी ग्रन्थियों में एक ग्रंथि आँसू की भी होती है। ये ग्रंथियाँ 5 महीने तक के बच्चों में नहीं होती है, यही कारण है कि नवजात बच्चे जब रोते हैं तो उनके आँखों से आँसू नहीं निकलते हैं।**

प्रश्न 118- क्या आप जानते हैं कि डॉक्टर जीभ देखकर क्या पता लगाते हैं?

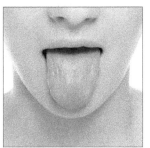

उत्तर- **डॉक्टर जीभ देखकर यह पता लगाते हैं कि रोगी के जीभ पर कोई बैक्टीरिया आराम तो नहीं फरमा रहा है। जब हमारे जीभ का रंग गुलाबी होता है, तो हमारे जीभ पर कोई बैक्टीरिया नहीं होता है, लेकिन जब हमारे जीभ का रंग सफेद हो तो समझ लेना चाहिए कि हमारे जीभ पर कुछ खास तरह के जीवाणु (बैक्टीरिया) आराम फरमा रहे हैं।**

प्रश्न 119- क्या आप जानते हैं कि ऊँट की तीसरी पलक क्या काम करती है?

उत्तर- **ऊँट के आँखों की रक्षा करने के लिए प्रकृति द्वारा उपहार स्वरूप ऊँटों को तीसरा पलक प्रदान किया गया है। ऊँट की तीसरी पलक रेगिस्तानी धूल और मिट्टी से ऊँट के आँखों की रक्षा करते हैं।**

प्रश्न 120- क्या आप जानते हैं कि ताँबे के बर्तन में भोजन क्यों नहीं करना चाहिए?

उत्तर- **ताँबे के बर्तन में जब भोजन (खाना) रखा जाता है तो एक तरह की रासायनिक अभिक्रिया होने लगती है, जिससे ताँबे के बर्तन में रखा हुआ भोजन (खाना) विकृत हो जाता है इसीलिए ताँबे के बर्तन में भोजन नहीं करना चाहिए।**

प्रश्न 121- क्या आप जानते हैं कि खाना खाने के बाद हमें आलस्य क्यों आता है?

उत्तर **भोजन करने के बाद आलस्य या नींद आने का कारण यह है कि हमारा शरीर भोजन को पचाने के लिए पेट की ओर खून का प्रवाह अधिक तथा अन्य अंगों में कम कर देता है। खून की कमी के कारण हमारे मस्तिष्क की चेतना मंद हो जाती है। इसलिए भोजन करने के बाद हमें आलस्य और नींद आने लगती है।**

प्रश्न 122-क्या आप जानते हैं कि शंख में भरा जल वस्तुओं के ऊपर क्यों छिड़का जाता है?

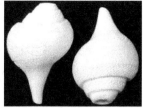

उत्तर- शंख में भरे जल को ऊपर छिड़कने से वस्तुएँ रोगाणु से मुक्त हो जाती हैं, क्योंकि शंख में कैल्सियम, फॉस्फोरस, और गंधक की मात्रा होती है।

प्रश्न 123-क्या आप जानते हैं कि उत्तर दिशा में सिर करके क्यों नहीं सोना चाहिए?

उत्तर- वैज्ञानिकों के अनुसार उत्तर दिशा चुम्बकीय क्षेत्र का सबसे शक्तिशाली ध्रुव होता है, जिसके कारण मस्तिष्क की शक्ति क्षीण (कमजोर) हो जाती है।

प्रश्न 124-क्या आप जानते हैं कि माँग में सिन्दूर लगाने का वैज्ञानिक कारण क्या है?

उत्तर- सिन्दूर में अत्यधिक मात्रा में पारा पाया जाता है, जो शरीर की विद्युतीय ऊर्जा को नियंत्रित करता है और दुष्प्रभावों से बचाता है।

प्रश्न 125-क्या आप जानते हैं कि कुमकुम का तिलक लगाने के क्या फायदे हैं?

उत्तर- आयुर्वेद के अनुसार कुमकुम त्वचाशोधन की सर्वोत्तम औषधि है। इसका तिलक लगाने से मस्तिष्क तन्तुओं में क्षीणता नहीं आती है।

प्रश्न 126-क्या आप जानते हैं कि हाथ क्यों नहीं मिलाना चाहिए?

उत्तर- प्रत्येक व्यक्ति के हाथों में विभिन्न प्रकार के संक्रमित वायरस चिपके रहते हैं। जब हम हाथ मिलाते हैं तो वह वायरस सामने वाले व्यक्ति के हाथ से स्थानांतरित होकर हमारे हाथ पर आ जाते हैं, इसलिए हाथ नहीं मिलाना चाहिए।

प्रश्न 127-क्या आप जानते हैं कि गोबर से जमीन लीपने का वैज्ञानिक कारण क्या है?

उत्तर- इटली के वैज्ञानिकों ने गोबर की उपयोगिता पर शोध करके बताया कि गोबर में एक विशेष प्रकार की शक्ति होती है जिसके सम्पर्क में आने पर टी.बी. जैसे खतरनाक बीमारी के वायरस भी तत्काल मर जाते हैं। इस वायरस का नाम टीबी सैनिटोरियम रखने की सलाह दी है।

प्रश्न 128- क्या आप जानते हैं माँ के दूध के बाद डाक्टर बच्चों को गाय का दूध पिलाने की सलाह क्यों देते हैं?

उत्तर- गाय के दूध में प्रचुर मात्रा में विटामिन एवं प्रोटीन पाये जाते हैं। गाय के दूध के सेवन से संग्रहणी, शोध आदि रोग नष्ट हो जाते हैं। गाय के दूध के सेवन से मोटापा भी दूर हो जाता है। इसीलिए डाक्टर बच्चों को गाय का दूध पिलाने की सलाह देते हैं।

प्रश्न 129- क्या आप जानते हैं कि पेशाब या शौच करते समय क्यों मौन रहना चाहिए?

उत्तर- क्योंकि पेशाब या शौच करते समय बहुत सारे कीटाणु मल और मूत्र से निकलते हैं। जो मुख के माध्यम से शरीर में प्रवेश करके हमारे शरीर को रोगग्रस्त कर सकते हैं इसलिए पेशाब या शौच करते समय मौन रहना चाहिए।

प्रश्न 130- क्या आप जानते हैं कि पुरुषों के दाढ़ी मूँछ आते हैं लेकिन औरतों को क्यों नहीं?

उत्तर- 11 से 13 वर्ष की उम्र में पुरुषों की यौन ग्रन्थियाँ एन्ड्रोजन हार्मोन पैदा करती हैं, जिससे दाढ़ी और मूँछ के बाल निकलते हैं, जबकि स्त्रियों की यौन ग्रंथियाँ एन्ड्रोजन की बजाय एस्ट्रोजन हार्मोन पैदा करती हैं, इसलिए औरतों के दाढ़ी मूँछ नहीं आते हैं।

प्रश्न 131- क्या आप जानते हैं कि पेशाब करते समय जनेऊधारी व्यक्ति जनेऊ को दाहिने कान पर ही क्यों लपेटते हैं?

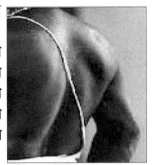

उत्तर- दाहिने कान पर एक विशेष प्रकार की नाड़ी होती है जिसे आयुर्वेद में लोहितिका कहा गया है। लोहितिका का सीधा सम्बन्ध अण्डकोष से होता है। यदि लोहितिका नाड़ी को दबा दिया जाए तो पूर्ण स्वस्थ्य व्यक्ति का भी पेशाब निकल जाता है। इसीलिए दाहिने कान पर जनेऊ लपेटा जाता है ताकि मूत्र की अंतिम बूँद भी बाहर आ जाये।

प्रश्न 132- क्या आप जानते हैं कि नीम का दातुन क्यों करना चाहिए?

उत्तर- आयुर्वेद के अनुसार नीम एक ऐसा वृक्ष है जिसकी जड़, तना, पत्तियाँ, छालें आदि औषधीय गुणों से भरी हैं। नीम का दातुन करने से पायरिया जैसा खतरनाक रोग नहीं होता है। पेटों में कीड़े नहीं पड़ते हैं तथा गैस की समस्या, अपच आदि रोग नहीं होते हैं।

प्रश्न 133-क्या आप जानते हैं कि अस्थियों को नदी में प्रवाहित करने से क्या लाभ मिलता है?

उत्तर- अस्थियों (हड्डियों) में फॉस्फोरस अधिक मात्रा में पायी जाती है, जो जमीन को उपजाऊ बनाने में अत्यधिक सहायक है। नदी के पानी से बहुत सारा भू-सिंचित होता है जिससे खेतों की उर्वरा शक्ति बनी रहती है।

प्रश्न 134-क्या आप जानते हैं कि शरीर पर तेल का मालिश क्यों किया जाता है?

उत्तर- शरीर पर तेल की मालिश करने से रोम छिद्र खुल जाते हैं जो स्वास्थ्य के लिए अत्यन्त लाभकारी हैं।

प्रश्न 135-क्या आप जानते हैं कि विज्ञान क्या है?

उत्तर- प्रयोग, निरीक्षण एवं निष्कर्ष पर आधरित क्रमबद्ध सुव्यवस्थित एवं सुस्पष्ट विशेष ज्ञान को विज्ञान कहते हैं।

प्रश्न 136-क्या आप जानते हैं कि वायरस क्या हैं?

उत्तर- वायरस या विषाणु (VIRUS) अतिसूक्ष्म जीवित कण होते हैं, इन्हें जीवित या अजीवित के बीच की कड़ी समझा जाता है। सामान्य अवस्था में निर्जीव पदार्थ की तरह रहते हैं और इनमें जीवन सम्बन्धी कोई लक्षण नहीं दिखाई देता है, किन्तु जब ये जीवित कोशिका के सम्पर्क में आते हैं, तो ये सजीव हो उठते हैं और उस कोशिका की सभी क्रियाओं पर अपना नियन्त्रण कर स्वयं का गुणन प्रारम्भ कर देते हैं।

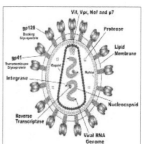

प्रश्न 137-क्या आप जानते हैं कि केंचुए को किसान का मित्र क्यों कहा जाता है?

उत्तर- खेतों की मिट्टी में सुरंग बनाकर केंचुए मिट्टी को ऊपर पलट देते हैं और कार्बनिक पदार्थों को सुरंग में ले जाते हैं। जो खाद के रूप में सहायक होते हैं, जिससे भूमि उपजाऊ बनती है। इसीलिए केंचुए को किसान का मित्र कहा जाता है।

प्रश्न 138-क्या आप जानते हैं कि मानव जीभ कितने तरह की स्वाद ग्रहण कर सकती है?

उत्तर- मनुष्य के जीभ पर स्थित स्वादग्राही की सहायता से मानव जीभ मीठा, नमकीन, खट्टा तथा कड़वा स्वाद ग्रहण कर सकता है।

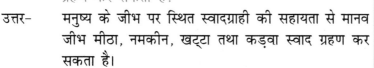

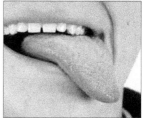

प्रश्न 139- क्या आप जानते हैं कि हमें कंपकंपी क्यों आती है?

उत्तर-   जब अधिक सर्दी पड़ती है, तब हमारे कंकाल पेशियों में क्षणिक-अनैच्छिक संकुचन होती है, जिसके कारण हमें कंपकंपी आ जाती है।

प्रश्न 140- क्या आप जानते हैं कि मिट्टी का मकान गरमी में ठंडी और ठंडी में गर्म क्यों होता है?

उत्तर-   कच्ची मिट्टी उष्मा की कुचालक होती है और घर के बाहर का तापमान अंदर के तापमान से अधिक होता है। मिट्टी उष्मा का कोई आदान प्रदान नहीं होने देती है इसलिए गरमी के मौसम में कच्चे मकान ठंडे होते हैं। इसी प्रकार जाड़े (सर्दी) के मौसम में कमरे का ताप बाहरी ताप से अधिक होता है, जो बाहर नहीं जा पाता इसलिए ठंडी के मौसम में कच्चे मकान गरम होते हैं।

प्रश्न 141- क्या आप जानते हैं कि होलोग्राम किसे कहते हैं?

उत्तर-   किसी वस्तु से निकलने वाले प्रकाश को रिकार्ड कर बाद में पुनः निर्मित किया जाता है, जिसे होलोग्राफी तकनीक कहते हैं।

प्रश्न 142-क्या आप जानते हैं कि बंद कमरे में सेंट की बोतल खोल देने पर सेंट की खुशबू पूरे कमरे में क्यों फैल जाती है?

उत्तर-   सेंट की खुशबू पूरे कमरे में विसरण के कारण फैल जाती है। विसरण का नियम ग्राह्म ने दिया था।

प्रश्न 143-क्या आप जानते हैं कि गर्भाशय में शिशु के विकास की जानकारी डाक्टर को कैसे प्राप्त होती है?

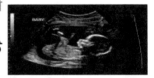

उत्तर-   डाक्टर को अल्ट्रासाउण्ड के द्वारा गर्भाशय में शिशु के विकास की जानकारी प्राप्त होती है।

प्रश्न 144-क्या आप जानते हैं कि मोटर-वाहन के टायर अच्छी तरह से क्यों फुलाया जाता है?

उत्तर-   मोटर वाहन के टायर को अच्छी तरह से फुलाने का एकमात्र कारण है फिसलन से बचना।

प्रश्न 145-क्या आप जानते हैं कि प्रेशर कूकर में चावल जल्दी क्यों पकता है?

उत्तर-   प्रेशर कूकर में वायुदाब सामान्य कमरे के वायुदाब से लगभग दोगुना होता है। अतः जल का क्वथनांक 120° हो जाता है और यही कारण है कि प्रेशर कूकर में खाना जल्दी पकता है।

प्रश्न 146-क्या आप जानते हैं कि पंखे के नीचे खड़ा होने पर पसीना क्यों सूख जाता है?

उत्तर- जब पंखे की हवा हमारे शरीर पर लगती है, तो हमारे शरीर पर उपस्थित पसीना वाष्पित होकर उड़ जाता है।

प्रश्न 147-क्या आप जानते हैं कि सर्दी में ऊनी कपड़ा पहनने से सर्दी क्यों नहीं लगती है?

उत्तर- ऊनी कपड़ा ऊष्मा का कुचालक होता है, यही कारण है कि सर्दी में ऊनी कपड़ा पहनने से सर्दी नहीं लगती है।

प्रश्न 148-क्या आप जानते हैं कि उल्लू अंधेरे में भी कैसे देख लेता है?

उत्तर- उल्लू की आँखों की पुतलियाँ बाहर की ओर निकलकर तथा फिर संकुचित होकर अंधेरे में भी प्रकाश को ग्रहण कर लेती हैं। उल्लू की आँखें आगे की ओर निकली होती है जो उसको रात में भी देखने में मदद करती है।

प्रश्न 149-क्या आप जानते हैं कि ओस क्यों पड़ती है?

उत्तर- जब पृथ्वी की सतह अपनी ऊष्मा को विसरित कर ठंडी हो जाती है, तब आर्द्र वायु अधिक तीव्र दर से संघनित हो जाती हैं। यही कारण है कि ओस की बूँदें पड़ती हैं।

प्रश्न 150-क्या आप जानते हैं कि बर्फ पानी पर क्यों तैरती है?

उत्तर- पानी जब बर्फ में परिवर्तित होता है तो उसका घनत्व घट जाता है, यही कारण है कि बर्फ पानी पर तैरती है। (कोई भी ऐसी वस्तु जिसका घनत्व पानी के घनत्व से कम होगा वह पानी पर तैरेगी)।

प्रश्न 151-क्या आप जानते हैं कि रंगीन फोटो की अपेक्षा ब्लैक एंड ह्वाइट (काला और सफेद) फोटो लम्बे समय तक खराब क्यों नहीं होता है?

उत्तर- ब्लैक एंड ह्वाइट फोटो का निर्माण सिल्वर ब्रोमाइड धातु का प्रयोग करके किया जाता है, जबकि रंगीन तस्वीरों का निर्माण डाइ (कलम) की सहायता से किया जाता है। डाइ टिकाऊ नहीं होती है और सूर्य के प्रकाश, नमी आदि कारणों से जल्दी खराब हो जाती है।

प्रश्न 152- क्या आप जानते हैं कि हीलियम गैस से भरा गुब्बारा हवा में क्यों उड़ने लगता है?

उत्तर- हीलियम गैस का घनत्व वायु (हवा) के घनत्व से कम होता है। इसलिए हीलियम गैस से भरा गुब्बारा आकाश में उड़ने लगता है।

प्रश्न 153- क्या आप जानते हैं कि कागज कैसे बनता है?

उत्तर- लकड़ी, घास, बांस आदि की लुग्दी को दबाकर एवं सुखाकर कागज बनाया जाता है।

प्रश्न 154- क्या आप जानते हैं कि खीरे को काटकर नमक डालने से पानी क्यों निकलता है?

उत्तर- परासरण में किसी पतली अर्धपारगम्य झिल्ली द्वारा विभाजित दो विभिन्न सांद्रता वाले द्रवों को बराबर होने के लिए अधिक सांद्रता से कम सांद्रता वाले द्रव की ओर बढ़ना पड़ता है। जहाँ नमक डालने से बाहर की सांद्रता अधिक हो जाती है जिसके कारण खीरे के अंदर का पानी बाहर निकलने लगता है। दोस्तों, खीरे से पानी का निकलना परासरण (Osmosis) के कारण होता है।

प्रश्न 155- क्या आप जानते हैं कि लोग बेहोश क्यों हो जाते हैं?

उत्तर- सामान्य रूप से कार्य करने के लिए यह आवश्यक है कि मस्तिष्क में रक्त का संचार उचित एवं पर्याप्त मात्रा में होता रहे। जब तक हमारे मस्तिष्क में खून की आवश्यक मात्रा पहुँचती रहती है तब तक हमारी सभी शारीरिक क्रियाएँ सामान्य रूप से काम करती रहती हैं। जब हमारे मस्तिष्क में किसी कारण से रक्त पहुँचने में कोई बाधा आ जाती है तो मनुष्य बेहोशी की अवस्था में आ जाता है।

प्रश्न 156- क्या आप जानते हैं कि लाल रंग लाल क्यों दिखाई देता है?

उत्तर- लाल रंग लाल इसलिए दिखाई देता है, क्योंकि लाल वस्तु केवल लाल रंग को ही परिवर्तित करती है, शेष छह रंग वह अपने में सोख लेती है।

प्रश्न 157- क्या आप जानते हैं गर्मियों में सफेद कपड़े रंगीन कपड़ों की अपेक्षा अधिक आरामदायक क्यों होते हैं?

उत्तर- सफेद कपड़ों की अपेक्षा रंगीन कपड़े सूर्य की गरमी को अधिक मात्रा में शोषित करते हैं, जिससे शरीर के ताप की मात्रा बढ़ जाती हैं, जबकि सफेद कपड़े ताप को परावर्तित

कर देते हैं और शरीर को ठंडा रखते हैं। यही कारण है कि सफेद कपड़ा रंगीन कपड़ों की अपेक्षा अधिक आरामदायक होते हैं।

प्रश्न 158- क्या आप जानते हैं कि धातु के बने हुए बर्तन का हत्था लकड़ी का क्यों होता है?

उत्तर- लकड़ी में से ताप बाहर नहीं आ सकता, जबकि धातु ताप का चालक होती है। लकड़ी का हत्था होने के कारण उसे पकड़ने पर हाथ नहीं जलता है।

प्रश्न 159- क्या आप जानते हैं कि जल से भरे बर्तन के तल पर पड़ा कोई सिक्का अथवा अन्य वस्तु ऊपर उठती हुई नजर क्यों आती हैं?

उत्तर- इसलिए कि उस सिक्के से जो प्रकाश किरणें निकलती हैं, वह हवा में बाहर की ओर झुकती है, जिससे जल से भरे बर्तन के तल पर पड़ा कोई सिक्का ऊपर उठता हुआ प्रतीत होता है।

प्रश्न 160- क्या आप जानते हैं कि श्वांस ठंड में दिख जाता है, परन्तु गर्मी में नहीं दिखता क्यों?

उत्तर- ठंड के मौसम में श्वांस में समाये वाष्पकण ठंड में से संघनित होकर द्रव बन जाते हैं और दिखाई देने लगते हैं।

प्रश्न 161- क्या आप जानते हैं कि ठंडे मौसम में पानी की पाइपें क्यों फट जाती है?

उत्तर- उनमें जल जम जाने के कारण बर्फ का आयतन बढ़ जाता है, परन्तु पाइप का आयतन उतना ही रहता है। इस कारण पानी की पाइपें फट जाती हैं।

प्रश्न 162- क्या आप जानते हैं कि पत्ते हरे क्यों होते हैं?

उत्तर- पत्ते क्लोरोफिल के कारण हरे दिखायी पड़ते हैं।

प्रश्न 163- क्या आप जानते हैं कि दौड़ती हुई गाड़ी से उतरने पर व्यक्ति क्यों गिर पड़ता है?

उत्तर- गाड़ी के साथ उतरने वाले व्यक्ति का शरीर आगे की ओर गतिमान होता है। कूदने पर पाँव सड़क पर टिकता है तो उसका पाँव रुक जाता है, परन्तु शरीर के अन्य भागों की गति वैसे ही बनी रहती है। जिससे आदमी गाड़ी चलने की दिशा में गिर पड़ता है।

प्रश्न 164- क्या आप जानते हैं कि गोली चलाने पर बन्दूक पीछे की ओर धक्का क्यों देते हैं?

उत्तर- न्यूटन के तीसरे नियम के अनुसार प्रत्येक क्रिया बराबर प्रतिक्रिया करती है, इसी कारण गोली चलाने पर बंदूक पीछे की तरफ धक्का देती है।

प्रश्न 165- क्या आप जानते हैं कि मेघ गर्जन की आवाज बाद में सुनते हैं, किन्तु प्रकाश पहले दिखाई दे जाता है, ऐसा क्यों होता है?

उत्तर- प्रकाश की गति, ध्वनि की गति से तेज होती है इसलिए बादल का गरजना हमें बाद में सुनाई देता है और प्रकाश का चमकना पहले दिखायी देता है।

प्रश्न 166- क्या आप जानते हैं कि उदय और अस्त के समय सूर्य लाल क्यों दिखाई देता है?

उत्तर- सुबह और शाम को सूर्य की किरणों को वायुमण्डल से अधिक दूरी से गुजरना पड़ता है, इस दौरान वायुमण्डल में मौजूद धूल, धुएँ तथा भाप के कणों के कारण बैंगनी, हरे, नीले रंग के प्रकाश का प्रकीर्णन हो जाता है। जिससे केवल लाल नारंगी एवं पीले रंग का प्रकाश ही हमारी आँखों तक पहुँच पाता है। इन तीनों में लाल रंग का प्रकाश ही हमारी आँखों तक पहुँच पाता है। जिससे सूर्य उदय एवं अस्त होते समय लाल दिखाई देता है।

प्रश्न 167- क्या आप जानते हैं कि जब हम चलते हैं, तो चन्द्रमा हमारे साथ क्यों चलता है?

उत्तर- चन्द्रमा पृथ्वी से लगभग 3,84,000 किमी. दूर है। चन्द्रमा द्वारा बनाया गया हमारी आँख पर कोण बहुत ही कम बदलता है। जिससे चन्द्रमा हमें अपने साथ-साथ चलता हुआ दिखाई देता है।

प्रश्न 168- क्या आप जानते हैं कि दूध का रंग सफेद क्यों दिखाई देता है?

उत्तर- दूध और दही सातों रंगों में से किसी भी रंग को नहीं सोखते है बल्कि सभी को परावर्तित कर देते हैं। इसलिए प्रकाश श्वेत दिखाई देता है।

प्रश्न 169-क्या आप जानते हैं कि आकाश नीला क्यों दिखाई देता है?

उत्तर- जब प्रकाश की किरणें वायुमण्डल से टकराती है तब सूर्य के सातों रंगों में से बैंगनी, जामुनी तथा नीले रंग सबसे अधिक छितरा जाते हैं और लाल रंग सबसे कम। प्रकाश के छितरने से हमारी आँखों तक पहुँचने वाले रंगों में नीला रंग अधिक होता है। इसलिए आकाश हमें नीला दिखाई देता हैं।

प्रश्न 170-क्या आप जानते हैं कि बरसने वाले बादल काले क्यों दिखाई देते हैं?

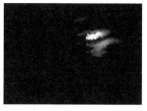

उत्तर- सूर्य के प्रकाश के सभी रंगों को अवशोषित करने वाली असंख्य बूँदे बरसने वाले बादलों में होती है। इससे बरसने वाले बादलों का रंग काला दिखाई देता है।

प्रश्न 171-क्या आप जानते हैं कि पान खाने से मुँह लाल क्यों हो जाता है?

उत्तर- पान लगे चूने और कत्थे में एक रासायनिक क्रिया होती है। जिससे पान का रंग गहरा लाल हो जाता है। मुँह का लार भी इसमें सहायक होती है।

प्रश्न 172-क्या आप जानते हैं कि महिलाओं की आवाज सुरीली क्यों होती है?

उत्तर- महिलाओं में टेस्टोस्टेरॉन नामक हारमोन नहीं होता है, इससे उनकी आवाज सुरीली होती है। इसी हारमोन के पैदा होने से पुरुषों की आवाज में भारीपन आ जाता है।

प्रश्न 173-क्या आप जानते हैं कि सेब काटने के बाद भूरा क्यों हो जाता है?

उत्तर- दोस्तों, सेब में आयरन की मात्रा अत्यधिक मात्रा में होती है। जब सेब को काटा जाता है तो सेब में मौजूद आयरन हवा के सम्पर्क में आकर ऑक्सीकृत हो जाती हैं और ऑक्सीकृत होने के कारण कटा हुआ सेब भूरा हो जाता है।

प्रश्न 174-क्या आप जानते हैं चन्द्रमा कभी छोटा कभी बड़ा क्यों दिखाई देता है?

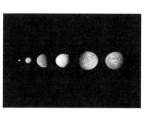

उत्तर- चन्द्रमा न कभी घटता है न कभी बढ़ता है। सूर्य के पड़ने वाले प्रकाश की विविधता के कारण ही चन्द्रमा छोटा-बड़ा दिखाई देता है।

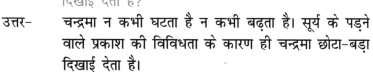

प्रश्न 175-क्या आप जानते हैं कि छिपकली अपनी पूँछ को छोड़कर कैसे भाग जाती है?

उत्तर- छिपकली द्वारा पूँछ छोड़ना एक प्राकृतिक गुण है। छिपकली के पूँछ की हड्डियाँ एक-दूसरे से ढील में जुड़ी होती हैं, जिसे छोड़ने में कठिनाई नहीं होती। खून भी नहीं निकलता क्योंकि रुधिर कोशिकाएँ अंतिम सिरे पर बंद होती हैं।

प्रश्न 176-क्या आप जानते हैं कि गिरगिट अपना रंग कैसे बदलता है?

उत्तर- आपको जानकर आश्चर्य होगा कि गिरगिट की त्वचा की ऊपरी परतें पारदर्शी होती हैं, इसी परत के नीचे लाल, पीले, काले रंग के पदार्थ होते हैं, जिनकी रचना दानेदार होती हैं। कोशिका के सिकुड़ने पर दाने इकट्ठा होते हैं, तो रंग काला हो जाता है और फैलने पर दाने फैलते हैं तो दूसरे रंग उत्पन्न हो जाते हैं।

प्रश्न 177-क्या आप जानते हैं कि क्या कारण है कि कोयल बसन्त ऋतु में ही गाती है?

उत्तर- बसन्त ऋतु नर और मादा कोयलों के मिलने की ऋतु है। इस ऋतु मे नर कोयल कुहू-कुहू की आवाज पैदा करके मादा कोयल को रिझाता है। आपको यह जानकर आश्चर्य होगा कि मादा कोयल मीठी आवाज पैदा नहीं कर सकती।

प्रश्न 178-क्या आप जानते हैं कि मरने के बाद भी आदमी के बाल क्यों बढ़ते रहते है?

उत्तर- बालों का निर्माण कोशिकाओं से होता है और ये कोशिकाएँ तब तक अपना कार्य करती हैं, जब तक इनमें ईंधन मौजूद रहता है। इसीलिए मरने के बाद मनुष्य के बाल बढ़ते हैं। जब कोशिकाओं का ईंधन समाप्त हो जाता है, तो बालों का बढ़ना भी बन्द हो जाता है।

प्रश्न 179-क्या आप जानते हैं कि शरीर पर स्प्रिट लगाने पर ठंडक महसूस होती हैं क्यों?

उत्तर- स्प्रिट का क्वथनांक बहुत कम होता हैं, यह साधारण ताप पर ही शरीर का ताप लेकर वायु में उड़ जाती हैं, इससे शरीर का तापक्रम कम हो जाता है और हमें ठंडक का अनुभव होता है।

प्रश्न 180- क्या आप जानते हैं कि दूध को गर्म करने पर वह क्यों ऊबलकर बाहर आ जाता है लेकिन पानी नहीं?

उत्तर- दोस्तों, पानी एक सरल तरल पदार्थ होता है लेकिन दूध एक कोलाइड है और इसमें कई पदार्थ होते हैं। इन पदार्थों में मुख्य रूप से प्रोटीन, शर्करा, वसा और विटामिन व खनिज होते हैं। जब दूध को गरम किया जाता है तो प्रोटीन और वसा दूध की सतह पर एकत्र होकर एक परत बनाते हैं, चूँकि दूध में पानी अधिक मात्रा में होती है जिससे दूध गरम करने पर पानी भाप में परिवर्तित होने लगता और दूध के ऊपरी परत पर जमें क्रीम में जाकर फंस जाता है जिसके कारण दूध ऊबलकर बाहर आ जाता है। यदि दूध के बर्तन में करछी या चम्मच डाल दिया जाए तो वह उबलकर बाहर नहीं गिरेगा।

प्रश्न 181- क्या आप जानते हैं कि वृक्ष की डाल हिलाने पर फल नीचे क्यों गिर जाते हैं?

उत्तर- जब हम पेड़ की डाल हिलाते हैं तो पेड़ में अचानक गति उत्पन्न हो जाती है, परन्तु डाल पर लगे फल जड़त्व के कारण अपने ही स्थान पर स्थिर रहते हैं, इस क्रिया के फलस्वरूप फल पेड़ से टूटकर नीचे गिर जाते हैं।

प्रश्न 182- क्या आप जानते हैं कि जब कोई नाव से कूदता हैं, तो नाव विपरीत दिशा में क्यों चली जाती है?

उत्तर- महान वैज्ञानिक न्यूटन के तृतीय नियम के अनुसार जब कोई व्यक्ति नाव से कूदता है तो वह जिस बल से कूदता है, ठीक उसी के विपरीत तथा समान बल नाव पर भी लगता है, जिसके फलस्वरूप नाव विपरीत दिशा में चली जाती है।

प्रश्न 183- क्या आप जानते हैं कि कुहरा, कुहासा और बादलों में क्या अंतर है?

उत्तर- वायुमण्डल की वाष्प जब ठंड से जम जाती हैं, किन्तु बादल की भाँति पृथ्वी के समीप हवा में लटकती रहती है, तो इसको कुहरा या कुहासा कहते हैं, कुहरा या कुहासे में अंतर केवल इतना ही है कि कुहासे में पानी के कण कुहरे में पानी के कणों से अधिक छोटे होते हैं।

प्रश्न 184- क्या आप जानते हैं कि इन्द्रधनुष सबेरे के समय पश्चिम में और शाम के समय पूर्व में ही क्यों दिखाई देता है?

उत्तर- दोस्तों, इन्द्रधनुष तभी बनता है जब वर्षा के बादल सूर्य के सामने होते हैं। सबेरे सूर्य पूर्व में होता है अतः इन्द्रधनुष पश्चिम में दिखाई पड़ता है। सायंकाल के समय सूर्य पश्चिम में होने के कारण इन्द्रधनुष सदा पूर्व दिशा में ही दिखता है।

प्रश्न 185- क्या आप जानते हैं कि दौड़ने से हमारे शरीर में गर्मी क्यों आती है?

उत्तर- जब हम दौड़ते हैं तो उस समय हम हवा की ऑक्सीजन अधिक मात्रा में ग्रहण करते हैं, जिससे हमारे शरीर में संचित ऊर्जा बाहर निकलती है। अतः हमारे शरीर की ऊर्जा के निकलने से हमें गर्मी लगने लगती है।

प्रश्न 186- क्या आप जानते हैं कि तस्तरी में चाय कप की अपेक्षा अधिक जल्दी ठंडी क्यों हो जाती है?

उत्तर- कोई भी चीज ठंडी तभी होती है जब वह वाष्पन की क्रिया करती है। तस्तरी में वाष्पन कप की अपेक्षा जल्दी होता है जिसके कारण तस्तरी में रखी चाय जल्दी ठंडी हो जाती है।

प्रश्न 187- क्या आप जानते हैं कि दो कम्बल बराबर की दुहरी मोटाई वाले एक कम्बल से अधिक गर्म क्यों रहते हैं?

उत्तर- दो कम्बल अधिक गर्म इसीलिए रहते हैं, क्योंकि दो कम्बलों के बीच जो हवा होती है, वह अपने बीच से गर्मी अथवा ताप को गुजरने नहीं देती।

प्रश्न 188- क्या आप जानते हैं कि खतरे का चिह्न लाल क्यों होता है?

उत्तर- खतरे का चिह्न लाल इसलिये होता हैं, क्योंकि लाल रंग के प्रकाश की तरंगदैर्ध्य सबसे अधिक होती है। इस कारण लाल रंग की किरणों का प्रकीर्णन न्यूनतम होता है। मौसम खराब होने पर भी लाल रंग दूर से देखा जा सकता है।

प्रश्न 189- क्या आप जानते हैं कि मोटरकार में बैट्री की आवश्यकता क्यों होती है?

उत्तर- जिन मोटरकारों में पेट्रोल इंजन होते हैं उनमें बैट्री का प्रयोग इंजन को घुमाने तथा स्पार्क प्लग को विद्युत प्रदान करने के लिए किया जाता है। इसके अतिरिक्त हॉर्न तथा प्रकाश बल्ब आदि में भी बैट्री का उपयोग होता है परन्तु जिन मोटरकारों में डीजल इंजन लगे होते हैं उनमें बैट्री इंजन को घुमाने हॉर्न तथा प्रकाश बल्ब को विद्युत देने के काम आती है। यही कारण है कि मोटरकार में बैट्री की आवश्यकता पड़ती है।

प्रश्न 190-क्या आप जानते हैं कि रेडियो सूर्यास्त के बाद क्यों ज्यादा साफ सुनाई देता है?

उत्तर- दिन के समय सूर्य की गर्मी के कारण आयनमण्डल का घनत्व कम हो जाता है। इससे रेडियो स्टेशन से चलने वाली रेडियो तरंगों में बहुत विघ्न उत्पन्न हो जाते हैं। इस कारण रेडियो में साफ सुनाई नहीं देता है, परन्तु सूर्यास्त के बाद आयनमण्डल का घनत्व पुनः बढ़ जाता है और रेडियो तरंगों में जो परिवर्तन दिन में हो रहा था वह समाप्त हो जाता है इससे सूर्यास्त के बाद रेडियो साफ सुनाई देता है।

प्रश्न 191-क्या आप जानते हैं कि पेट्रोल से लगी आग पानी से क्यों नहीं बुझती?

उत्तर- पेट्रोल आग को पकड़ लेता है, इस पर डाला गया पानी पेट्रोल को ढक नहीं पाता है। परिणामतः पेट्रोल जलता रहता हैं, इसके विपरीत आग मौजूद रहने के कारण पानी तुरन्त भाप बनकर उड़ जाता है, अतः पेट्रोल की आग पानी से नहीं बुझ पाती है।

प्रश्न 192-क्या आप जानते हैं कि पहाड़ों पर मैदान की तुलना में ज्यादा ठंडक क्यों पड़ती है?

उत्तर- पहाड़ की सतह समतल न होने के कारण उनके अधिकतर भाग छाया में रहते हैं, इसीलिए सूर्य पहाड़ की अधिकांश भूमि को गर्म नहीं कर पाता है। इसके अलावा सूर्य की किरणें पहाड़ पर तिरछी पड़ती है। जिसके कारण वह अधिक क्षेत्रफल पर फैल जाती हैं, अतः पहाड़ के प्रति एकांक क्षेत्रफल को कम ऊष्मा मिलती है, इसीलिए पहाड़ पर मैदान की तुलना में ज्यादा ठंडक पड़ती है।

प्रश्न 193-क्या आप जानते हैं कि नाखून काटने पर दर्द क्यों नहीं होता?

उत्तर- हमारे नाखून लगातार बढ़ते रहते हैं तो बढ़े हुए भाग में रक्त प्रवाह रुक जाता है और वह भाग बिल्कुल मृत हो जाता अर्थात् सुन्न हो जाता है, जिससे उस भाग को काटने पर दर्द नहीं होता है।

प्रश्न 194- क्या आप जानते हैं कि प्रेशर कूकर में दाल जल्दी क्यों पकती है?

उत्तर- दोस्तों, आज घर में आप प्रेशर कूकर को देखना। प्रेशर कूकर के ढक्कन विशेष प्रकार के बने होते हैं। विशेष प्रकार के ढक्कन होने के कारण वाष्प बाहर नहीं निकल पाता है और पानी की सतह के ऊपर जमा होता रहता है। इस कारण पानी की सतह पर दाब बढ़ता जाता है और पानी का क्वथनांक 100°C से भी अधिक बढ़ जाता है। यही कारण है कि प्रेशर कूकर में खाना शीघ्र पक जाता है।

प्रश्न 195- क्या आप जानते हैं कि तारे रात में क्यों टिमटिमाते रहते हैं?

उत्तर- जब रात में तारे आसमान में निकलते हैं, तो उनके प्रकाश पृथ्वी के अनेक वायुमण्डलीय परतों से गुजरना पड़ता हैं, जिससे तारों के प्रकाश किरण का कई बार विचलन होता है, इस कारण हमें तारे टिमटिमाते हुए नजर आते हैं।

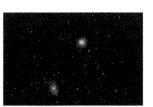

प्रश्न 196 क्या आप जानते हैं कि भौरें क्यों गुनगुनाते हैं?

उत्तर- भौरे जब उड़ते हैं तो एक तरह का कंपन होता है। उसी कंपन के कारण गुनगुनाहट की आवाज सुनाई पड़ती है, क्योंकि जब भौरे उड़ते हैं तो उनके पंख प्रति सेकंड चार सौ बार कंपन करते हैं।

प्रश्न 197- क्या आप जानते हैं कि मिट्टी के बर्तन या सुराही का पानी गर्मी में ठंडा होता है, जबकि बरसात में क्यों नहीं?

उत्तर- मिट्टी के बर्तन में सूक्ष्मतम छिद्र पाये जाते है। छिद्रों से होकर ताप के प्रभाव से जल-कण वाष्पित होते रहते हैं, जिससे वातावरण के ताप का प्रभाव सुराही पर नहीं पड़ता है और पानी ठंडा रहता है। जबकि बरसात में तापमान की कमी के कारण जल-कण वाष्पित नहीं होता है, जिससे जल बरसात में ठंडा नहीं होता है।

प्रश्न 198- क्या आप जानते हैं कि रेल की पटरियों के बीच खाली स्थान क्यों छोड़ा जाता हैं?

उत्तर- प्रत्येक धातु के वस्तु का ताप गर्मी के प्रभाव से बढ़ने लगता है। रेल की पटरी भी इस्पात की ही बनी होती हैं, जिस पर जब सौर किरण या घर्षण द्वारा ताप आरोपित होता हैं, तो उसमें फैलाव होता है। खाली स्थान के कारण रेल की पटरी पूर्व-स्थिति में रह कर टेढ़ी होने से बच जाती हैं। इसलिए रेल की पटरियों के बीच खाली स्थान छोड़ा जाता है।

प्रश्न 199– क्या आप जानते हैं कि अंधेरे मे चमगादड़ कैसे उड़ते हैं?

उत्तर– चमगादड़ जब उड़ते हैं, उस समय वह पराश्रव्य तरगें उत्पन्न करते हैं, ये तरंगें आगे की ओर बढ़ती हैं और अवरोध से टकराकर फिर वापस आ जाती हैं। जिससे चमगादड़ को अंधेरे में भी अपने अवरोध का पता लग जाता है।

प्रश्न 200– क्या आप जानते हैं कि मछलियाँ पानी में साँस कैसे लेती है?

उत्तर– मछलियाँ साँस लेने के लिए सबसे पहले मुँह में पानी लेती हैं। यह पानी गलफड़ों से होता हुआ बाहर निकल जाता है। पानी में घुली हुई ऑक्सीजन गलफड़ों की सूक्ष्म कोशिकाओं द्वारा सोख ली जाती हैं और गलफड़ों में प्रवाहित खून के साथ मिल जाती हैं और पुनः शरीर के अन्दर संचरण करती हैं। इसी प्रकार के श्वसन से मछली का खून शुद्ध होता है और मछलियाँ अपने गलफड़ों से साँस लेती हैं।

प्रश्न 201– क्या आप जानते हैं कि बिना उबाले दूध जल्दी क्यों खराब हो जाता हैं?

उत्तर– जब जानवर के थन (छाती) से दूध निकालते हैं तो उस ताजे दूध में अनेक प्रकार बैक्ट्रिया होते है। वायु के सम्पर्क में आने तक इनकी संख्या कुछ ही समय में बहुत ज्यादा बढ़ जाती है। इन्हीं बैक्ट्रिया के कारण बिना उबला दूध जल्दी खराब हो जाता है।

प्रश्न 202– क्या आप जानते हैं कि डेयरी का दूध चार-पाँच दिनों तक बिना खराब हुए कैसे रखा जाता है?

उत्तर– दूध को खराब होने से बचाने के लिए फ्रांसीसी वैज्ञानिक लुई पास्चर द्वारा खोजी प्रक्रिया पाश्चुराइजेशन का इस्तेमाल किया जाता है। दूध को 60 सेण्टीग्रेड पर 30 मिनट तक गर्म करके पुनः ठंडा कर पैकेट में बंद कर दिया जाता है। इस प्रक्रिया से दूध में उपस्थित सभी बैक्ट्रिया मर जाते हैं। फलतः दूध को बिना खराब हुए अधिक समय तक रखा सकता है।

प्रश्न 203– क्या आप जानते हैं कि जानवर जुगाली क्यों करते हैं?

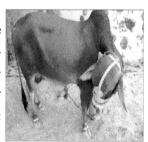

उत्तर– दोस्तों, गाय, भैंस, बकरी आदि जानवरों के पेट चार हिस्सों में बँटा होता है। जानवर पहले अपना भोजन सीधे निगल जाते हैं, उसके बाद जब वह आराम से बैठते हैं या आराम के समय में जुगाली करते हैं। जुगाली की प्रक्रिया से ही भोजन पेट के एक भाग से दूसरे भाग में जाता है। अतः भोजन को सुपाच्य बनाने के लिए जानवर जुगाली करते हैं।

प्रश्न 204-क्या आप जानते हैं कि मेढक पानी और जमीन दोनों पर जीवित रहते हैं, लेकिन मछलियाँ पानी के बाहर मर क्यों जाती हैं?

उत्तर- मेढ़क पानी में रहने पर अपनी त्वचा से तथा जमीन पर रहने पर फफेड़े से साँस लेता है। मछलियाँ सिर्फ अपने गलफड़ों की सहायता से ही साँस लेती हैं जो सिर्फ पानी में घुली हुई ऑक्सीजन को ही ग्रहण करती है। मछलियों में फेफड़ा नहीं होते, इसलिए ये पानी के बाहर आने पर मर जाती हैं।

प्रश्न 205-क्या आप जानते हैं कि कुत्ता पागल क्यों हो जाता है?

उत्तर- कुत्ते का पागलपन एक वायरस के कारण होता है जो दूसरे जानवर या वायु द्वारा उसके शरीर में प्रवेश कर जाता है। ये विषाणु चार से छह सप्ताह के भीतर अपना असर दिखाना शुरू करते हैं। जब यह वायरस पूरे शरीर में फैलकर मस्तिष्क पर हमला करता है तो कुत्ता उत्तेजित हो जाता है और गुर्राना, भौंकना तथा लोगों को काटना शुरू कर देता है। इसी स्थिति में कुत्ता तीन से पाँच दिन में मर जाता है।

प्रश्न 206-क्या आप जानते हैं कि रात में पेड़ के नीचे सोना हानिकारक क्यों होता है?

उत्तर- दिन में सूर्य के प्रकाश की उपस्थिति में पौधे कार्बन डाइऑक्साइड साँस के रूप में लेते हैं और ऑक्सीजन छोड़ते हैं, लेकिन, रात में ठीक इसके विपरीत ऑक्सीजन लेते हैं और कार्बन डाइऑक्साइड छोड़ते हैं। इस प्रकार रात में पेड़ के नीचे कार्बन डाइऑक्साइड अधिक हो जाती है और घुटन महसूस होता है। इसलिए रात में पेड़ के नीचे नहीं सोना चाहिए।

प्रश्न 207-क्या आप जानते हैं कि छिपकलियाँ दीवार से कैसे चिपकी रहती हैं?

उत्तर- प्रकृति ने छिपकली का पैर लचीलेदार कप के आकार का बना रखा है, जो हवा के दबाव के सहारे निर्वात उत्पन्न करके दीवार से चिपकी रहती हैं।

प्रश्न 208-क्या आप जानते हैं कि हमें प्यास क्यों लगती है?

उत्तर- हमारा शरीर एक मशीन की तरह काम करता है। हमारे रक्त में जल एवं नमक सदैव ही एक स्थिर और निश्चित अनुपात में रहता है। शरीर के ऊत्तकों में भी ये पदार्थ रहते हैं। किसी कारणवश रक्त में जल की मात्रा कम होने पर इन दोनों पदार्थ का अनुपात बदल जाता है। इस स्थिति में मस्तिष्क में उपस्थित प्यास केन्द्र गले को सन्देश भेजता है, जिसके कारण गले में सिकुड़न पैदा होने लगती है। इस सिकुड़न से गला सूखने लगता है और हमें प्यास महसूस होने लगती है।

प्रश्न 209-क्या आप जानते हैं कि स्तनधारी मादा के शरीर में दूध कैसे बनता है?

उत्तर- समस्त स्तनधारी प्राणियों में दूध उनके स्तनों में उपस्थित कुछ विशेष ग्रंथियों द्वारा उत्पन्न होता है। ये ग्रन्थियाँ आकार में बड़े और थैलीनुमा होती हैं तथा इन ग्रन्थियों में वसा की बड़ी-बड़ी बूँदें निकलती हैं, जो स्तनों में उपस्थित तरल पदार्थों से मिलकर दूध बना लेती हैं। अधिकांश स्तनधारी प्राणियों में एक हार्मोस होता है, जो इन ग्रंथियों को क्रियाशील बनाये रखता है। डिम्बाशय के कोपर लूटियम से भी एक हारमोन निकलता है, जो दूध के निर्माण में सहायक होता है।

प्रश्न 210-क्या आप जानते हैं कि जुड़वाँ बच्चे कैसे पैदा होते हैं?

उत्तर- जब स्त्री और पुरुष का संयोग जब एक निश्चित समय पर होता है तब पुरुष के वीर्य में उपस्थित स्पर्म (Sperms) में से एक स्पर्म स्त्री के अंडे में प्रवेश कर जाता है जिसे गर्भाधान कहा जाता है। कभी-कभी गर्भाधान की क्रिया के बाद अंडा दो हिस्सों में बँट जाता है और इन दोनों भागों का अलग-अलग दो बच्चों के रूप में गर्भाशय में विकास होता है। यही कारण है कि कभी जुड़वाँ बच्चे पैदा हो जाते हैं। इस प्रकिया द्वारा पैदा हुए दोनों जुड़वाँ बच्चे रूप, रंग तथा आकार में एक जैसे होते हैं। उनके अधिकांश गुण भी मिलते-जुलते हैं। ये जुड़वाँ बच्चे या तो लड़की होंगे या फिर दोनों ही लड़के।

प्रश्न 211- क्या आप जानते हैं कि लड़का या लड़की पैदा होना किस बात पर निर्भर करता है?

उत्तर- स्त्री में पैदा होने वाले अंडे और पुरुष के वीर्य में उपस्थित शुक्राणुओं में सेक्स क्रोमोसोम होते हैं। स्त्री के सभी अंडों में केवल एक ही प्रकार के लेकिन पुरुष के शुक्राणुओं में और Y दो अलग-अलग प्रकार के सेक्स क्रोमोसोम पाये जाते हैं। गर्भाधान की क्रिया में जब पुरुष का क्रोमोसोम महिला के अंडे में प्रवेश करता है तो के संयोग से लड़की का जन्म होता है। लेकिन यदि पुरुष का क्रोमोसोम महिला के अंडे में प्रवेश कर जाता है तो के मिलने लड़के का जन्म होता है।

प्रश्न 212- क्या आप जानते हैं कि घड़ी की सूईयाँ रात के अंधेरे में भी कैसे चमकती हैं?

उत्तर- आजकल कुछ घड़ी की सूइयों पर घड़ी कम्पनियों द्वारा जिंक सल्फाइड, कैल्सियम सल्फाइड तथा बेरियम सल्फाइड जैसे स्फुरदीप्ति पदार्थो का लेप चढ़ा दिया जाता है। ये पदार्थ तो दिन में सूर्य का प्रकाश अवशोषित करते हैं और रात होते हीं चमकना शुरू कर देते हैं।

प्रश्न 213- क्या आप जानते हैं कि पेड़-पौधे भी मांसाहारी होते हैं?

उत्तर- प्रिय मित्रों, जिस तरह कुछ मनुष्य मांसाहारी होते हैं उसी तरह कुछ पेड़-पौधे भी माँसाहारी होते हैं। मांसाहारी पेड़-पौधे अपने सम्पर्क में आने वाले कीड़े-मकोड़ों को खा जाते हैं। ये ऐसे पौधे है जो स्वयं प्रोटीन नहीं बना पाते हैं और कीड़े-मकोड़ों को खाकर ही अपनी प्रोटीन की जरूरत पूरी करते हैं। ऐसे पौधों को कीटभक्षी पौधे कहते हैं। हमारे देश में शिमला की पहाड़ियों में पाया जाने वाला 'इंडियन पाइप' नामक पौधा भी कीड़ों को खाता है।

प्रश्न 214- क्या आप जानते हैं कि कुत्ता जिस आवाज को सुनकर भौंकने लगता है, उस आवाज को मनुष्य क्यों नहीं सुन पाता है?

उत्तर- दोस्तों, मनुष्य 20 से 20,000 हर्ट्ज तक की ध्वनि को सुन सकता है। इससे कम या अधिक हर्ट्ज की ध्वनि को सुनने मानव में कान सक्षम नहीं है। कुत्ता या बिल्ली पराश्रव्य ध्वनि तरंगों को सुन लेते हैं, जिनकी आवृति 20,000 हर्ट्ज से भी बहुत अधिक होती है। इसमें ऊर्जा की अत्यधिक मात्रा संचित रहती है। यही कारण है कि मानव को न सुनायी देने वाली हलचल के पैदा होने पर भी कुत्ता भौंकने लगता है।

प्रश्न 215- क्या आप जानते हैं कि नदी या समुद्र में एक ही दिशा में समानान्तर चल रहे दो जहाजों के परस्पर टकरा जाने की संभावना क्यों बनी रहती है?

उत्तर- जब दो जलयान चलते हैं तो उनके परस्पर चलने से उनके बीच के स्थान का जलयानों का सापेक्ष पीछे की ओर गति करता है। जब जलयान पास आते हैं तो उनके बीच संकरे स्थान में जल की चाल अधिक हो जाती है और जलयानों बीच का दाब कम हो जाता है, लेकिन जलयानों के बाहर का दाब वहीं रहता है। दाब के इसी अन्तर के कारण बाहर दबाव पड़ता है और जलयान आपस में टकरा जाते हैं। यह बरनौली का सिद्धांत है।

प्रश्न 216- क्या आप जानते हैं कि पनडुब्बी ऊपर-नीचे कैसे करती रहती है?

उत्तर- महान वैज्ञानिक आर्कमिडीज के सिद्धान्त के अनुसार पनडुब्बी की टंकियों में पानी अन्दर और बाहर करके इस प्रकार नियंत्रित किया जाता है कि इसके द्वारा हटाये गये पानी का भार इसके भार से कम या ज्यादा रहता है। फलस्वरूप ये समुद्र के अन्दर जाती व बाहर आती रहती है।

प्रश्न 217- क्या आप जानते हैं कि व्यक्ति जीवन-रक्षक पेटी के सहारे कैसे तैरता है?

उत्तर- जीवन रक्षक पेटी ट्यूब की तरह रबर का बना एक खोखला उपकरण होता है। इसमें हवा भर देने से इसका बाहरी आकार अधिक हो जाता है। जब व्यक्ति इसे पकड़कर तैरता है तो व्यक्ति तथा पेटी का सम्मिलित भार पेटी द्वारा विस्थापित पानी के भार से कम बना रहता है। आर्कमिडीज के सिद्धांत के अनुसार विस्थापित जल के भार से व्यक्ति तथा पेटी का भार कम होने के कारण व्यक्ति तैरता रहता है और डूबने से बच जाता है।

प्रश्न 218- क्या आप जानते हैं कि फुहारे के नीचे गेंद क्यों नाचती है?

उत्तर- बरनौली के सिद्धांतानुसार जब जल की धारा तेजी से निकलती है तो उसके आस-पास का वायुदाब घट जाता है, जबकि बाहरी वायु पूर्ववत ही रहता है। अत: जब गेंद बाहर निकलने की कोशिश करती है तो बाहर का अधिक दबाव उसे पुन: अन्दर की ओर कम दाब वाले क्षेत्र की ओर धकेल देता है और यही प्रक्रिया बार-बार होती है। फलत: गेंद फुहारे नीचे नाचती रहती हैं।

प्रश्न 219–क्या आप जानते हैं कि कुएँ में झाँककर बोलने से प्रतिध्वनि क्यों सुनाई पड़ती हैं?

उत्तर– जब हम कुएँ के अंदर मुँह करके बोलते हैं तब हमारी ध्वनि कुएँ की दीवार और नीचे की पानी से टकराकर परावर्तित (वापस) हो जाती है, जिससे हमें अपनी ही आवाज दुबारा सुनाई देती है। इसी कारण पहाड़ों की घाटियों में भी हमारी प्रतिध्वनि सुनाई पड़ती है।

प्रश्न 220–क्या आप जानते हैं कि रबर की गेंद जमीन पर गिरकर क्यों उछलती है?

उत्तर– जब हम रबर के गेंद को जमीन पर पटकते हैं तब रबर की गेंद जमीन पर गिरकर थोड़ा-सा पिचक जाती है और प्रत्यास्थता के गुण के कारण गेंद पुनः अपनी सामान्य अवस्था को प्राप्त करना चाहती है। वह जमीन पर दबाव डालती है और न्यूटन के तीसरे नियम के अनुसार गेंद ऊपर उछलती है। गेंद जितनी ताकत से जमीन पर गिरेगी, उतनी ही उसमें अधिक उछाल होगी।

प्रश्न 221–क्या आप जानते हैं कि समुद्र का पानी खारा (नमकीन) क्यों होता है?

उत्तर– मैदानी इलाकों में बहने वाली नदियाँ अपने साथ कई प्रकार के लवण (नमक) बहाकर समुद्र में ले जाती हैं। धीरे-धीरे लवणों की मात्रा बढ़ती जाती है, जिससे समुद्र का पानी खारा हो जाता है।

प्रश्न 222– क्या आप जानते हैं कि साँप बिना कान के कैसे सुन लेता है?

उत्तर– कान के अभाव में साँप हवा से आनी वाली तरंगों को नहीं सुन पाता है, बल्कि वह पृथ्वी द्वारा प्राप्त होने वाली कम्पनों को अपनी संवेदनशील त्वचा द्वारा महसूस कर लेता है।

प्रश्न 223–क्या आप जानते हैं कि रेगिस्तान में दिन में गर्म तथा रातें ठंडी क्यों होती है?

उत्तर– रेगिस्तान में बालू अर्थात् रेत अधिक मात्रा में होती है। बालू ऊष्मा का अच्छा अवशोषक होता है, अतः सूर्य के किरणों की गर्मी पाकर बालू जल्द ही गर्म हो जाता है। इसलिए दिन में रेगिस्तान में खूब गर्मी होती है तथा रात में बालू ऊष्मा का त्याग कर और चन्द्रमा की नमी को अवशोषित कर शीघ्र ठंडी हो जाती है इसलिए वहाँ रात को ठंड होती है।

प्रश्न 224–क्या आप जानते हैं कि नींबू खट्टा क्यों होता है?

उत्तर– नींबू में लगभग 6 प्रतिशत तक सिट्रिक अम्ल की मात्रा होती है, जिसके कारण नींबू का स्वाद खट्टा होता है।

भाग : 2
अमेजिंग फैक्ट

अमेजिंग फैक्ट

प्रश्न 1– क्या आप जानते हैं कि किस जीवाणु की एक बोतल से पूरी दुनिया नष्ट की जा सकती है?

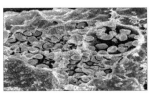

उत्तर– टुलारेमिया नामक जीवाणु की एक बोतल से सारी दुनिया को नष्ट किया जा सकता है।

प्रश्न 2– क्या आप जानते हैं कि भारतीय मुद्रा का नाम रुपया सबसे पहले किसने और कब रखा था?

उत्तर– शेरशाह सूरी ने 1541 ईस्वी में भारतीय मुद्रा का नाम रुपया रखा था।

प्रश्न 3– क्या आप जानते हैं पूरे पृथ्वी पर हवा का वजन कितना है?

उत्तर– पूरे पृथ्वी पर हवा का वजन लगभग 5,000,000,000,000,000 टन है।

प्रश्न 4– क्या आप जानते हैं कि ओजोन परत कहाँ पायी जाती है?

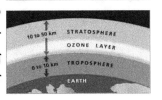

उत्तर– ओजोन परत पृथ्वी के धरातल से 20-30 किमी की ऊँचाई पर पायी जाती है। ओजोन परत ओजोन गैस का एक झीना-सा आवरण होता है, जो सूर्य की घातक किरणों को पृथ्वी पर आने से रोकता है।

प्रश्न 5– क्या आप जानते हैं भारतीय रुपया (नोट) कहाँ छपता है?

उत्तर– भारतीय रुपया (नोट) नासिक में छपता है।

प्रश्न 6– क्या आप जानते हैं कि भारतीय ध्वज तिरंगे की परिकल्पना सबसे पहले किसने की थी?

उत्तर– भारतीय ध्वज तिरंगे की परिकल्पना सर्वप्रथम स्वामी विवेकानन्द की शिष्या सिस्टर निवेदिता ने की थी।

प्रश्न– 7– क्या आप जानते हैं कि सूर्य के प्रकाश की चाल कितनी है?

उत्तर– सूर्य के प्रकाश की चाल एक सेकंड में 3 लाख किलोमीटर है।

प्रश्न-8- क्या आप जानते हैं पृथ्वी की आयु कितनी है?

उत्तर- **पृथ्वी की आयु 4,60,00,00,000 वर्ष है।**

प्रश्न-9- क्या आप जानते हैं पृथ्वी का आयतन कितना है?

उत्तर- **पृथ्वी का आयतन 10,83,20,88,40,000 घन है।**

प्रश्न-10- क्या आप जानते हैं चन्द्रमा के प्रकाश को पृथ्वी तक पहुँचने तक में कितना समय लगता है?

उत्तर- **चन्द्रमा के प्रकाश को पृथ्वी तक पहुँचने में 1.3 सेकंड लगता है।**

प्रश्न 11- क्या आपको मालूम है कि सबसे ज्यादा प्रधानमंत्री किस राज्य से हुए हैं?

उत्तर- **सर्वाधिक 08 प्रधनमंत्री उत्तर प्रदेश से हुए हैं, जिनके नाम निम्नलिखित हैं-**

1. जवाहर लाल नेहरू	2. लाल बहादुर शास्त्री
3. इन्दिरा गांधी	4. राजीव गांधी
5. चौधरी चरण सिंह	6. विश्वनाथप्रताप सिंह
7. चन्द्रशेखर	8. अटल बिहारी वाजपेयी

प्रश्न 12- क्या आप जानते हैं कि बिना पत्ते का पेड़ कौन-सा है?

उत्तर- **बिना पत्ते का पेड़ करील है।**

प्रश्न 13 क्या आप जानते हैं कौन-सा पक्षी रात में नहीं देख सकता?

उत्तर- **मुर्गा और कबूतर को रात में कुछ नहीं दिखाई देता है।**

प्रश्न 14- क्या आप जानते हैं कि वह कौन-सा जन्तु है, जो जीवनपर्यन्त पानी नहीं पीता है?

उत्तर- **घुन जन्म से लेकर मृत्यु तक पानी नहीं पीता है।**

प्रश्न 15- क्या आप जानते हैं कि किस जन्तु का खून सफेद होता है?

उत्तर- **तिलचट्टा का खून सफेद होता है।**

प्रश्न 16- क्या आप जानते हैं कि किस देश में एक भी मच्छर नहीं है?

उत्तर- **फ्रांस में एक भी मच्छर नहीं पाये जाते हैं।**

प्रश्न 17- क्या आप जानते हैं कि वह कौन-सा देश है जहाँ 18 महीने का एक वर्ष होता है?

उत्तर- मैक्सिमो एक ऐसा देश हैं जहाँ 12 नहीं बल्कि 18 महीने का एक वर्ष होता है।

प्रश्न 18- क्या आप जानते हैं कि वह कौन-सा फूल है जिस पर भौंरा कभी नहीं बैठता?

उत्तर- चम्पा एक ऐसा फूल है जिस पर भौंरा कभी नहीं बैठता है।

प्रश्न 19- क्या आप जानते हैं कि वह कौन-सा पौधा है जिसे उखाड़ने पर बच्चे के रोने की आवाज आती है और उसका शक्ल भी मनुष्य से मिलता जुलता है?

उत्तर- मैंडूक नाम के पौधे को उखाड़ने पर उसमें से बच्चे की तरह रोने की आवाज आती है, इसका शक्ल भी मनुष्य से मिलता जुलता है।

प्रश्न 20- क्या आप जानते हैं कि किस पौधे में डण्ठल नहीं होता है?

उत्तर- मेंहदी के पौधे में डंठल नहीं होता है।

प्रश्न 21- क्या आप जानते हैं कि दूध देने वाला बकरा कहाँ हुआ था?

उत्तर- उत्तर प्रदेश के सीतापुर के जिले के लहरपुर में एक ऐसा बकरा था जो बकरी की तरह दूध देता था।

प्रश्न 22- क्या आप जानते हैं कि मक्खी की आयु कितनी होती है?

उत्तर- मक्खी की आयु महज एक दिन की होती है, यह उसी दिन जन्म लेती है और उसी दिन बच्चे भी पैदा कर देती हैं।

प्रश्न 23- क्या आप जानते हैं कि पूरी पृथ्वी पर पीने योग्य जल कितना है?

उत्तर- पूरी पृथ्वी पर पीने योग्य पानी सिर्फ एक प्रतिशत ही है, बाकी 97 प्रतिशत पानी समुद्र में और 2 प्रतिशत तालाबों आदि में है।

प्रश्न 24- क्या आप जानते हैं कि पृथ्वी से शुक्र, मंगल, बुद्ध, बृहस्पति, शनि, अरुण व वरुण ग्रहों की दूरी कितनी है?

उत्तर- दोस्तों, पृथ्वी से शुक्र की दूरी-41.4 मिलियन किमी, मंगल की दूरी-78.3 मिलियन किमी, बुद्ध की दूरी-91.

7 मिलियन किमी, बृहस्पति की दूरी-628.7 मिलियन किमी, शनि की दूरी-1277.4 मिलियन किमी, अरुण की दूरी-1634.4 मिलियन किमी व वरुण की दूरी-4347.5 मिलियन किमी है।

प्रश्न 25- क्या आप जानते हैं कि सबसे कम जनसंख्या वाला सबसे छोटा देश कौन-सा है?

उत्तर- वेटिकन सिटी विश्व का सबसे छोटा व सबसे कम जनसंख्या वाला देश है। इस देश की जनसंख्या मात्र 500 है।

प्रश्न 26- क्या आप जानते हैं कि मानव मस्तिष्क का वजन कितना होता है?

उत्तर- मानव मस्तिष्क का वजन लगभग 1.36 किग्रा. होता है।

प्रश्न 27- क्या आप जानते हैं कि हमारे शरीर का कौन सा अंग बिना रुके मृत्युपर्यन्त कार्य करता रहता है?

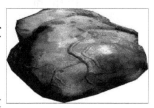

उत्तर- हृदय हमारे शरीर का वह अंग है, जो जब यह एक बार स्पन्दन करना चालू करता है तो फिर मृत्यु होने तक बिना रुके स्पन्दन करता रहता है।

प्रश्न 28- क्या आप जानते हैं कि प्रतिदिन हमारे हृदय के कपाट (वाल्ब) कितने बार खुलते हैं?

उत्तर- प्रतिदिन हमारे हृदय के कपाट (वाल्ब) लगभग एक लाख बार खुलता व बंद होता है।

प्रश्न 29- क्या आप जानते हैं कि वह कौन-सा पक्षी है जो पीछे की तरफ उड़ता है?

उत्तर- गुन्जन नाम का पक्षी पीछे की तरफ उड़ता है।

प्रश्न 30- क्या आप जानते हैं कि अंग्रेजों द्वारा किन क्रान्तिकारियों को सबसे पहले फाँसी दी गयी थी?

उत्तर- भगत सिंह, सुखदेव व राजगुरु को सबसे पहले फांसी दी गयी थी।

प्रश्न 31- क्या आप जानते हैं कि 1857 के क्रान्ति का महत्त्वपूर्ण केन्द्र कहाँ था?

उत्तर- कानपुर, झांसी और लखनऊ 1857 के क्रान्ति का महत्त्वपूर्ण केन्द्र था।

प्रश्न 32– क्या आप जानते हैं कि विश्व में सबसे बड़ा संविधान किस देश का है?

उत्तर– विश्व में सबसे बड़ा संविधान भारत का है। इसमें मूलतः 22 भाग, 395 अनुच्छेद तथा 8 अनुसूचियाँ थीं, लेकिन वर्तमान समय में भारतीय संविधान में 22 भाग, 395 अनुच्छेद व 12 अनुसूचियाँ हैं।

प्रश्न 33– क्या आप जानते हैं कि किस देश के राष्ट्रपति की पत्नी को वनमानुष अपहरण करके ले गया था?

उत्तर– 1614 ई0 में फ्रांस के राष्ट्रपति की पत्नी रेमाण्ड पाइन केयर को वनमानुष उठाकर ले गया था।

प्रश्न 34– क्या आप जानते हैं कि वह कौन-सा देश है जहाँ दो राष्ट्रपति हैं?

उत्तर– सानमारीनो वह देश है जहाँ दो राष्ट्रपति होते हैं।

प्रश्न 35– क्या आप जानते हैं कि खून जैसे लाल रंग की नदी कहाँ पर है?

उत्तर– स्पेन की टियोटिन नदी का पानी खून के जैसा लाल है।

प्रश्न 36– क्या आप जानते हैं कि खट्टा शहद कहाँ मिलता है?

उत्तर– खट्टा शहद ब्राजील के जंगलों में पाया जाता है।

प्रश्न 37– क्या आप जानते हैं कि वह कौन सा देश है जहाँ कपड़ों पर अखबार प्रकाशित होता है?

उत्तर– स्पेन में कपड़ों पर अखबार प्रकाशित होता है।

प्रश्न 38– क्या आप जानते हैं कि वह कौन सा शहर है जहाँ 5 सूर्य दिखायी देते हैं?

उत्तर– चीन के सिंग नाइट चूं शहर में 5 सूर्य दिखायी देते हैं।

प्रश्न 39– क्या आप जानते हैं कि विश्व में कौन सी ऐसी पहाड़ी है जो प्रतिदिन अपना रंग बदलती है?

उत्तर– दक्षिण आस्ट्रेलिया में आयार्स रॉक नामक एक पहाड़ी है जो प्रतिदिन अपना रंग बदलती रहती है।

प्रश्न 40– क्या आप जानते हैं कि विश्व में कौन सी ऐसी नदी है जिस नदी में मछलियाँ नहीं पायी जाती हैं?

उत्तर– फिलिस्तीन की जार्जन नदी में एक भी मछली नहीं हैं।

प्रश्न 41- क्या आप जानते हैं कि वह कौन सा देश है जिसने किसी युद्ध में भाग नहीं लिया?

उत्तर- स्विटजरलैण्ड ने आजतक किसी भी युद्ध में भाग नहीं लिया।

प्रश्न 42- क्या आप जानते हैं कि संसार की किस भाषा में सबसे अधिक शब्द हैं?

उत्तर- अंग्रेजी भाषा सर्वाधिक शब्द वाला भाषा है। इस भाषा में कुल लगभग 7,90,000 शब्द हैं।

प्रश्न 43- क्या आप जानते हैं कि विश्व में कुल कितने देश हैं?

उत्तर- विश्व में कुल 212 देश हैं।

प्रश्न 44- क्या आप जानते हैं कि कहाँ के लोग बालू से नहाते हैं?

उत्तर- सहारा रेगिस्तान के लोग बालू से नहाते हैं, क्योंकि वहाँ पानी है ही नहीं।

प्रश्न 45- क्या आप जानते हैं कि किस देश के लोग साँप खाते हैं?

उत्तर- चीन एक ऐसा देश है जहाँ के लोग साँप खाते हैं।

प्रश्न 46- क्या आप जानते हैं कि किस देश के लोगों का रंग पीला होता है?

उत्तर- चीन के लोग पीले रंग के होते हैं।

प्रश्न 47- क्या आप जानते हैं कि विश्व में ऐसा कौन-सा देश है जहाँ पर एक भी नदी नहीं है?

उत्तर- सऊदी अरब में एक भी नदी नहीं है।

प्रश्न 48- क्या आप जानते हैं कि विश्व में किस नदी का पानी गरम होता है?

उत्तर- मिश्र की नील नदी का पानी गरम होता है।

प्रश्न 49- क्या आप जानते हैं कि संसार में सबसे पहले पुस्तक छापने वाला व्यक्ति कौन था?

उत्तर- कोस्टर नाम के व्यक्ति ने संसार में पहला पुस्तक छापा था।

प्रश्न 50- क्या आप जानते हैं कि वह कौन-सा फल है, जिसके ऊपर छिलका और अन्दर बीज नहीं होता?

उत्तर- शहतूत एक ऐसा फल है जिसमें न तो छिलका और न ही बीज होता है।

प्रश्न 51– क्या आप जानते हैं कि गूलर का फूल कहाँ होता है?

उत्तर– गूलर का फूल, गुलर के फल के अन्दर होता है।

प्रश्न 52– क्या आप जानते हैं कि कौन सा पक्षी है जो बाघ की तरह बोलता है?

उत्तर– दक्षिण अफ्रीका में पाया जाने वाला विटर्न पक्षी बाघ की तरह बोलता है।

प्रश्न 53– क्या आप जानते हैं कि कौन सा जीव आँखें बन्द करके भी देखता है?

उत्तर– स्कंक नामक जीव को आँखें बंद होने के बाद भी दिखायी देती हैं, क्योंकि इसकी आँखों की पलकें पारदर्शी होती हैं।

प्रश्न 54– क्या आप जानते हैं कि कौन-सा जीव पानी नहीं पीता है?

उत्तर– अमेरिका का कंगारू रेट पानी नहीं पीता है।

प्रश्न 55– क्या आप जानते हैं कि पक्षी कितनी ऊँचाई तक उड़ सकते हैं?

उत्तर– पक्षी समुद्र की सतह से 8,848 मीटर अर्थात् एवरेस्ट के ऊँचाई के बराबर उड़ सकते हैं।

प्रश्न 56– क्या आप जानते हैं कि कौन-सा पक्षी है जो कभी जमीन पर पाँव नहीं रखता है?

उत्तर– उत्तर प्रदेश में पाया जाने वाला हरियल पक्षी कभी भी जमीन पर पाँव नहीं रखता है। यह अपने पंजे में सदैव लकड़ी का टुकड़ा रखता है ताकि उसके पैर का सीधा स्पर्श जमीन से न हो।

प्रश्न 57– क्या आप जानते हैं कि वह कौन-सा जीव है जो अपने वजन का 50 गुना भारी वजन उठा लेता है?

उत्तर– चींटी एक ऐसी जीव है, जो अपने वजन से 50 गुना अधिक तक भार उठा लेती है।

प्रश्न 58– क्या आप जानते हैं कि विश्व में सबसे छोटी चिड़िया कौन-सी होती है?

उत्तर– क्यूबा में पायी जाने वाली हर्मिंग चिड़िया सबसे छोटी होती है।

प्रश्न 59– क्या आप जानते हैं कि कौन सा पक्षी हाथी जैसे विशाल जानवर को भी अपने पंजे में दबाकर उड़ जाता है।

उत्तर– उकाब पक्षी अपने पंजे में हाथी को भी दबाकर उड़ जाता है।

प्रश्न 60– क्या आप जानते हैं कि हमारे देश (भारत) का राष्ट्रपति भवन किसने डिजाइन किया था?

उत्तर– हमारे देश के राष्ट्रपति भवन का डिजाइन एडविन ल्यूटिन्स ने किया था।

प्रश्न 61– क्या आप जानते हैं कि किस प्राणी के तीन आँखें होती हैं?

उत्तर– **टु आटेरा नामक जीव के तीन आँखें होती हैं।**

प्रश्न 62– क्या आप जानते हैं पृथ्वी का वजन प्रति वर्ष कितना बढ़ रहा है?

उत्तर– **पृथ्वी का वजन प्रतिवर्ष 250 किलोग्राम बढ़ रहा है।**

प्रश्न 63– क्या आप जानते हैं कि प्रकाश का वेग सबसे पहले किसने मापा था?

उत्तर– **सन् 1676 में डेनमार्क के खगोलविद ओले क्रिस्टेनसन रोमर ने प्रकाश के वेग का मात्रात्मक मापन किया था।**

प्रश्न 64– क्या आप जानते हैं कि दुनिया का सबसे कम गहरा समुद्र कौन-सा है?

उत्तर– **दुनिया का सबसे कम गहरा समुद्र अजोव है जो मात्र 13 मीटर गहरा है।**

प्रश्न 65– क्या आप जानते हैं कि मनुष्य के लिए स्वच्छ हवा की कितनी मात्रा आवश्यक होती है?

उत्तर– **मनुष्य के लिए स्वच्छ हवा की 1000 घन फुट वायु प्रत्येक 10 सेकंड में आवश्यक होती है।**

प्रश्न 66– क्या आप जानते हैं कि सूर्य के प्रकाश को पृथ्वी तक पहँचने में कितना समय लगता है?

उत्तर– **सूर्य के प्रकाश को पृथ्वी तक पहुँचने में 8.14 से 8.42 मिनट के मध्य समय लगता है।**

प्रश्न 67– क्या आप जानते हैं कि पृथ्वी से सूर्य की दूरी कितनी है?

उत्तर– **पृथ्वी से सूर्य की दूरी 147 से 152 मिलियन किलोमीटर के मध्य है।**

प्रश्न 68– क्या आप जानते हैं कि समुद्र में डूबी हुई वस्तु का पता लगाने के लिए किस यंत्र का प्रयोग किया जाता है?

उत्तर– **समुद्र मु डूबी वस्तु का पता लगाने के लिए सोनार यंत्र का प्रयोग किया जाता है।**

प्रश्न 69- क्या आप जानते हैं कि सोनार   यंत्र का पूरा नाम क्या है?

उत्तर-   सोनार   है।

प्रश्न 70- क्या आप जानते हैं कि अंतर्राष्ट्रीय न्यायालय कहाँ है?

उत्तर-   अन्तर्राष्ट्रीय न्यायालय हेग (ब्रुसेल्स) में स्थित है।

प्रश्न 71- क्या आप जानते हैं कि भारत में पोस्टर द्वारा फिल्मों का प्रचार कब प्रारम्भ हुआ था?

उत्तर-   भारत में पोस्टर द्वारा फिल्मों का प्रचार करना सन् 1922 में प्रारम्भ हुआ था।

प्रश्न 72- क्या आप जानते हैं ताजमहल किसने बनवाया था?

उत्तर-   ताजमहल का निर्माण जहाँगीर के बेटे शाहजहाँ ने करवाया था। ताजमहल उत्तर प्रदेश के आगरा जिले में स्थित है।

प्रश्न 73- क्या आप जानते हैं कि विश्व का सबसे बड़ा महाकाव्य कौन सा है?

उत्तर-   विश्व का सबसे बड़ा महाकाव्य महाभारत है।

प्रश्न 74- क्या आप जानते हैं मिट्टी की एक इंच की परत बनने में कितना समय लगता है?

उत्तर-   मिट्टी की एक इंच की परत बनने में लगभग 1000 वर्ष का समय लगता है।

प्रश्न 75- क्या आप जानते हैं कि वह कौन सी झील है जिसका पानी 12 वर्ष मीठा और 12 वर्ष खारा रहता है?

उत्तर-   अरुत्सी नामक झील का पानी 12 वर्ष मीठा और 12 वर्ष खारा रहता है। यह झील तिब्बत में है।

प्रश्न 76- क्या आप जानते हैं कि ताश के चारों बादशाह (किंग) पर किस-किस राजा (किंग) का फोटो छपा रहता है?

उत्तर-   हुकुम के पत्ते पर किंग डेविड का चित्र छपा है। चिड़ी पर सिकन्दर का चित्र बना होता है, पान के पत्ते पर चार्ल मग्ने का और ईंट के पत्ते पर जूलियस सीजर का चित्र छपा रहता है।

प्रश्न 77- क्या आप जानते हैं कि हम चौबीस घंटे में कितनी बार साँस लेते हैं?

उत्तर-   आदमी चौबीस घंटे में लगभग 26,000 बार साँस लेता है।

प्रश्न 78- क्या आप जानते हैं कि जीवित रहने के लिये हमारे शरीर को कितनी ऑक्सीजन की आवश्यकता पड़ती है?

उत्तर- शरीर को स्वस्थ्य और जीवित रखने के लिये हर घंटे लगभग 18 सेर ऑक्सीजन की आवश्यकता पड़ती है।

प्रश्न 79- क्या आप जानते हैं कि एक घंटे में हमारा हृदय कितने खून को कितनी बार पम्प करता है?

उत्तर- एक घंटे में हमारा शरीर करीब 6 मन खून को 4500 बार पम्प करता है।

प्रश्न 80- क्या आप जानते हैं कि मनुष्य का हृदय प्रति मिनट कितनी बार धड़कता है?

उत्तर- साधारण दशा में मनुष्य का हृदय प्रति मिनट 70 से 80 बार और कठिन परिश्रम के समय 200 बार तक धड़कता है।

प्रश्न 81- क्या आप जानते हैं कि भारत की पहली बोलती फिल्म आलमआरा के निर्देशक कौन थे?

उत्तर- भारत की पहली बोलती फिल्म आलमआरा के निर्देशक वी.पी. मिश्रा थे। ये उत्तर प्रदेश के देवरिया जिले के रहने वाले थे।

प्रश्न 82- क्या आप जानते हैं कि सूर्य की ऊष्मा पृथ्वी पर कैसे पहुॅचती है?

उत्तर- सूर्य की ऊष्मा पृथ्वी पर विकिरण द्वारा पहुँचती है।

प्रश्न 84- क्या आप जानते हैं कि भारत चीन की सीमा को निर्धारित करने वाली लाइन को क्या कहा जाता है?

उत्तर- भारत चीन की सीमा को निर्धारित करने वाली रेखा को मैकमोहन लाइन कहते हैं।

प्रश्न 85- क्या आप जानते हैं कि भारत पाकिस्तान की सीमा को निर्धारित करने वाली लाइन को क्या कहा जाता है?

उत्तर- भारत पाकिस्तान की सीमा को निर्धारित करने वाली रेखा को रेड क्लीफ लाइन कहते हैं।

प्रश्न 86- क्या आप जानते हैं कि भारत में सर्वप्रथम रेडियो प्रसारण कब और कहाँ हुआ था?

उत्तर- भारत में सर्वप्रथम रेडियो का प्रसारण 23 जुलाई, 1927 ई. को बंबई (मुम्बई) से हुआ था।

प्रश्न 87– क्या आप जानते हैं कि भारत में पहली बार टेलीविजन का प्रसारण कब प्रारम्भ हुआ था?

उत्तर– भारत में पहली बार टेलीविजन का प्रसारण 15 सितम्बर, 1959 ई. को आकाशवाणी के दिल्ली केन्द्र से हुआ था।

प्रश्न 88– क्या आप जानते हैं कि भारत में डाक विभाग में पिन कोड प्रणाली कब से प्रारम्भ हुई है?

उत्तर– भारत में पिनकोड प्रणाली 15 अगस्त 1972 ई. से प्रारम्भ हुई है।

प्रश्न 89– क्या आप जानते हैं कि भारत में कौन-सा राज्य है, जहाँ एक भी अखबार प्रकाशित नहीं होता?

उत्तर– अरुणाचल प्रदेश ही वह राज्य है, जहाँ से एक भी अखबार प्रकाशित नहीं होता है।

प्रश्न 90– क्या आप जानते हैं कि प्रथम भारतीय आई.सी.एस. अफसर कौन थे?

उत्तर– भारत के पहले आई.ए.एस. अफसर श्री सुरेन्द्र नाथ बनर्जी थे।

प्रश्न 91– क्या आप जानते हैं कि भारत के सबसे पहले कवि कौन थे?

उत्तर– महर्षि बाल्मीकि भारत के पहले कवि थे।

प्रश्न 93– क्या आप जानते हैं कि भारत में सर्वप्रथम कम्प्यूटर किस डाकघर में लगा था?

उत्तर– भारत में सर्वप्रथम कम्प्यूटर 16 अगस्त, 1986 में, बंगलौर (कर्नाटक) में लगा था।

प्रश्न 94– क्या आप जानते हैं कि भारत में प्रथम समाचार पत्र कौन-सा था और कब प्रकाशित किया गया था?

उत्तर– भारत का प्रथम अखबार इंडिया गजट था इसका प्रकाशन सन् 1776 ई. में कलकत्ता से हुआ था।

प्रश्न 95– क्या आप जानते हैं कि भारत का सर्वप्रथम हिन्दी समाचार पत्र कब और कहाँ से प्रकाशित हुआ था?

उत्तर– भारत का पहला हिन्दी अखबार उदंत मार्तंड था 30 मई, 1826 ई. को कलकत्ता से इसका प्रकाशन प्रारम्भ किया गया था।

प्रश्न 96- क्या आप जानते हैं कि भारत में कौन सा ऐसा राज्य है, जहाँ पर एक भी हिन्दू मन्दिर नहीं है?

उत्तर- लक्षद्वीप एक ऐसा राज्य है, जहाँ पर एक भी हिन्दू मंदिर नहीं है।

प्रश्न 97- क्या आप जानते हैं कि भारत में बिना मंत्री पद ग्रहण किये कितने प्रधानमंत्री बने थे?

उत्तर- भारत में बिना मंत्री पद ग्रहण किये प्रधानमंत्री बनने वाले व्यक्ति थे- पंडित जवाहर लाल नेहरू, राजीव गांधी, चन्द्रशेखर, एच.डी. देवगौड़ा।

प्रश्न 98- क्या आप जानते हैं कि भारत का कौन-सा प्रधानमंत्री हुआ जिसका जन्मदिन चार साल में एक बार आता है?

उत्तर- स्वर्गीय मुरारजी भाई देसाई का जन्म 29 फरवरी का हुआ था। इसीलिए इनका जन्मदिन 4 साल में एक बार आता है।

प्रश्न 100-क्या आप जानते हैं कि भारत के किस प्रधानमंत्री की मृत्यु विदेश में हुई थी?

उत्तर- स्वर्गीय लाल बहादुर शास्त्री जी की मृत्यु रूस में हुई थी।

प्रश्न 101-क्या आप जानते हैं कि भारत का कौन-सा राज्य है जिसकी राज्य भाषा अंग्रेजी है?

उत्तर- भारत के नागालैण्ड राज्य की राज्य भाषा अंग्रेजी है।

प्रश्न 102-क्या आप जानते हैं कि भारत में सबसे अधिक शासन करने वाला बादशाह कौन-सा है?

उत्तर- भारत में सबसे अधिक शासन करने वाला राजा औरंगजेब था जिसने 49 वर्ष तक भारत पर शासन किया।

प्रश्न 103-क्या आप जानते हैं कि रामायण में कितनी चौपाइयाँ हैं?

उत्तर- रामायण में कुल चौबीस हजार (24,000) चौपाइयाँ हैं।

प्रश्न 104-क्या आप जानते हैं कि भारत का पहला महाविद्यालय कौन-सा है?

उत्तर- भारत का पहला महाविद्यालय फोर्ट विलियम है, इसकी स्थापना 18 अगस्त, 1800 को कलकत्ता में हुई थी।

प्रश्न 105- क्या आप जानते हैं कि भारतीय करेन्सी में एक रुपये और दो रुपये के नोट में क्या अन्तर है?

उत्तर- भारतीय करेंसी के एक रुपये का नोट भारत सरकार का वित्त मंत्रालय जारी करता है, दो रुपये का नोट भारतीय रिजर्व बैंक जारी करता है।

प्रश्न 106- क्या आप जानते हैं कि भारत में टी.वी., रेडियो व अन्य प्रश्नोत्तरी प्रतियोगिताओं हेतु अलग से पोस्टकार्ड कब जारी किया गया?

उत्तर- टीवी, रेडियो व अन्य प्रश्नोत्तरी प्रतियोगिताओं के लिए अलग से 2 रुपये का पोस्टकार्ड 14 नवम्बर, 1996 में प्रारम्भ किया गया।

प्रश्न 107- क्या आप जानते हैं कि सूर्य का प्रकाश जल के भीतर कितनी गहराई तक जा सकता है?

उत्तर- सूर्य का प्रकाश जल के भीतर अधिकतम चार सौ मीटर तक जा सकता है।

प्रश्न 108- क्या आप जानते हैं कि विश्व की सबसे प्राचीन धर्म पुस्तक कौन-सी है?

उत्तर- विश्व की सबसे प्राचीनतम पुस्तक ऋग्वेद है।

प्रश्न 109- क्या आप जानते हैं कि किस देश का लिखित संविधान नहीं है?

उत्तर- इंग्लैण्ड का कोई लिखित संविधान नहीं है

प्रश्न 110- क्या आप जानते हैं कि विश्व में कितनी भाषाएँ बोली जाती हैं?

उत्तर- विश्व में लगभग कुल 2,792 भाषाएँ बोली जाती हैं।

प्रश्न 111- क्या आप जानते हैं कि वह कौन-सा भारतीय खिलाड़ी था, जिसने भारत और इंग्लैण्ड दोनों के लिए क्रिकेट खेला?

उत्तर- भारत व इंग्लैंड के तरफ से खेलने वाला खिलाड़ी इफ्तिखार पटौदी था।

प्रश्न 112-क्या आप जानते हैं कि भारतीय संसद का उद्घाटन किसने और कब किया था?

उत्तर- **भारतीय संसद का उद्घाटन 18 जनवरी, 1927 को लार्ड इर्विन ने किया था।**

प्रश्न 113-क्या आप जानते हैं कि सर्वप्रथम क्रिकेट टेस्ट मैच कब और कहाँ खेला गया था?

उत्तर- **सर्वप्रथम टेस्ट क्रिकेट इंग्लैण्ड और ऑस्ट्रेलिया के बीच मार्च 1877 में मेलबोर्न में खेला गया था।**

प्रश्न 114-क्या आप जानते हैं कि भारत ने टेस्ट क्रिकेट में पहली विजय कब, कहाँ और किसके विरुद्ध पाई?

उत्तर- **भारत ने टेस्ट क्रिकेट में पहली विजय सन् 1952 में मद्रास में इंग्लैण्ड के विरुद्ध पायी थी।**

प्रश्न 115-क्या आप जानते हैं कि भारत में सर्वप्रथम फुटबाल खेल कब और कहाँ शुरू हुआ था?

उत्तर- **भारत में सर्वप्रथम फुटबाल का खेल सन् 1874 ई. में कलकत्ता के डलहौजी क्लब द्वारा शुरू हुआ था।**

प्रश्न 116-क्या आप जानते हैं कि हॉकी का पहला अन्तर्राष्ट्रीय मैच कब खेला गया था?

उत्तर- **भारत का पहला अंतर्राष्ट्रीय हॉकी मैच 26 जून, 1985 को वेल्स और आयरलैण्ड के बीच खेला गया था।**

प्रश्न 117-वह कौन-सा भारतीय खिलाड़ी था, जिसने फुटबाल और क्रिकेट दोनों में भारत का प्रतिनिधित्व किया?

उत्तर- **पंकज राय ने क्रिकेट व फुटबाल दोनों खेलों में भारत का प्रतिनिधित्व किया था।**

प्रश्न 118-क्या आप जानते हैं कि विश्व में सर्वप्रथम कागजी मुद्रा का आविष्कार कब और कहाँ हुआ था?

उत्तर- **विश्व में सर्वप्रथम कागजी मुद्रा का आविष्कार 812 ई. में चीन में हुआ था।**

प्रश्न 119-क्या आप जानते हैं कि विश्व के किस देश में सिक्के का प्रचलन नहीं है?

उत्तर- लाओस में सिक्के का प्रचलन नहीं है।

प्रश्न 120-क्या आप जानते हैं कि भारतीय रिजर्ब बैंक की स्थापना कब हुई?

उत्तर- भारतय रिजर्व बैंक की स्थापना सन् 1935 में हुई।

प्रश्न 121-क्या आप जानते हैं कि भारत में सबसे बड़ा होटल कौन-सा है तथा कहाँ है?

उत्तर- भारत का सबसे बड़ा होटल दक्षिण मुम्बई स्थित ओबेराय शेरटन है, जो समुद्र के किनारे बना है।

प्रश्न 122-क्या आप जानते हैं कि भारतीय गणराज्य के प्रथम सभापति कौन थे?

उत्तर- भारतीय गणराज्य के प्रथम सभापति डॉ. जाकिर हुसैन थे।

प्रश्न 123-क्या आप जानते हैं कि भारत में महलों का शहर कौन-सा है और उसकी स्थापना किसने की थी?

उत्तर- भारत में महलों का शहर कोलकाता है, इस शहर की स्थापना अंग्रेज जाबकारनाक द्वारा की गयी थी।

प्रश्न 124-क्या आप जानते हैं कि हाथ पर पौधा उगाने वाले भारतीय का नाम क्या था?

उत्तर- रामदास वोधनी।

प्रश्न 125-क्या आप जानते हैं कि भारत का वह कौन-सा न्यायाधीश था, जिसने 19 वर्षों तक सिर नीचे, पैर ऊपर करके न्यायालय में मुकदमे की सुनवाई किया?

उत्तर- इम्फाल के न्यायाधीश गौसेन (1852-1871) सिर नीचे और पैर ऊपर करके न्यायालय में सुनवाई करते थे।

प्रश्न 126-क्या आप जानते हैं कि भारत के प्रथम भू-उपग्रह का क्या नाम है?

उत्तर- भारत के प्रथम भू-उपग्रह का नाम आर्यभट्ट है, इसे 19 अप्रैल, 1975 ई. को प्रक्षेपित किया गया था।

प्रश्न 127-क्या आप जानते हैं कि महात्मा गांधी को सर्वप्रथम महात्मा किसने कहा था?

उत्तर-   महात्मा गांधी को सर्वप्रथम महात्मा रवीन्द्रनाथ टैगोर ने कहा था।

प्रश्न 128-क्या आप जानते हैं कि भारत की वह कौन-सी नदी है, जिसमें हीरे पाये जाते हैं?

उत्तर-   दक्षिण भारत की कृष्णा नदी में हीरे पाये जाते हैं।

प्रश्न 129-क्या आप जानते हैं कि भारत का वह कौन-सा प्रदेश है, जहाँ पर आजादी के बाद से कोई हत्या नहीं हुई?

उत्तर-   भारत का सिक्किम राज्य ऐसा राज्य है, जहाँ आजादी के बाद अबतक कोई हत्या नहीं हुई, ये रिकार्ड है।

प्रश्न 130-क्या आप जानते हैं कि भारत के किस राज्य की दो राजधनियाँ है?

उत्तर-   जम्मू और कश्मीर राज्य की दो राजधनियाँ हैं।

प्रश्न 131-क्या आप जानते हैं कि भारत की सबसे अधिक दूध देने वाली गाय कौन-सी है?

उत्तर-   साहीबाल सर्वाधिक दूध देने वाली भारतीय गाय है।

प्रश्न 132-क्या आप जानते हैं कि क्षेत्रफल की दृष्टि से भारत विश्व का कौन से नम्बर का देश है?

उत्तर-   क्षेत्रफल की दृष्टि से भारत का विश्व में सातवाँ नम्बर है।

प्रश्न 133-क्या आप जानते हैं कि भारत में कितने राज्य और केन्द्रशासित प्रदेश हैं?

उत्तर-   भारत में 29 राज्य और 7 केन्द्रशासित प्रदेश हैं।

प्रश्न 134-क्या आप जानते हैं कि भारत में कितने रेडियो स्टेशन हैं।

उत्तर-   भारत में 91 रेडियो स्टेशन हैं।

प्रश्न 135-क्या आप जानते हैं कि भारत में दैनिक अखबारों की संख्या कितनी है?

उत्तर-   भारत में दैनिक अखबारों की संख्या लगभग 1012 है।

प्रश्न 136- क्या आप जानते हैं कि भारत की दंड संहिता में कितनी धाराएँ हैं?

उत्तर- भारतीय दंड संहिता में 511 धाराएँ हैं।

प्रश्न 137- क्या आप जानते हैं कि भारत के साक्ष्य अधिनियम में कितनी धाराएँ हैं?

उत्तर- भारत के साक्ष्य अधिनियम में 157 धाराएँ हैं।

प्रश्न 138- क्या आप जानते हैं कि भारत की सिविल प्रतिक्रिया संहिता में कितनी धाराएँ हैं?

उत्तर- भारतीय सिविल प्रतिक्रिया में कुल 484 धाराएँ हैं।

प्रश्न 139- क्या आप जानते हैं कि भारत में कितने व्यापारिक बैंक हैं?

उत्तर- भारत में कुल 131 व्यापारिक बैंक हैं।

प्रश्न 140- क्या आप जानते हैं कि भारत में कितने अंतरराष्ट्रीय हवाई अड्डे और कितने अन्य हवाई अड्डे हैं?

उत्तर- भारत में 12 अंतरराष्ट्रीय हवाई अड्डे और 87 अन्य हवाई अड्डे हैं।

प्रश्न 141- क्या आप जानते हैं कि भारत में कितने लेटर बॉक्स हैं?

उत्तर- भारत में लगभग 4,26,443 लेटर बाक्स हैं।

प्रश्न 142- क्या आप जानते हैं कि भारत में कितने ताप बिजलीघर हैं? इसमें किसका प्रयोग होता है तथा ये कहाँ हैं?

उत्तर- भारत के तमिलनाडु प्रदेश में एकमात्र ताप बिजलीघर है, जिसमें लिगनाइट का प्रयोग होता है।

प्रश्न 143- क्या आप जानते हैं कि भारत में आजादी के बाद पहली जनगणना कब हुई थी?

उत्तर- भारत के आजाद होने के बाद पहली जनगणना सन् 1961 में हुई थी।

प्रश्न 144- क्या आप जानते हैं कि श्रीमती इंदिरा गांधी की मृत्यु की खबर सर्वप्रथम किस रेडियो ने दी?

उत्तर- इंदिरा गांधी के मृत्यू की खबर सर्वप्रथम रेडियो बी.बी.सी. लंदन ने प्रसारित की थी।

प्रश्न 145-क्या आप जानते हैं कि भारत में कुल कितने मेडिकल कॉलेज हैं?

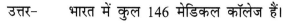

उत्तर- **भारत में कुल 146 मेडिकल कॉलेज हैं।**

प्रश्न 146-क्या आप जानते हैं कि भारत का संविधान बनाने में कितना समय लगा था?

उत्तर- **भारत का संविधान बनने में 2 वर्ष 11 माह 18 दिन का समय लगा था।**

प्रश्न 147-क्या आप जानते हैं कि राम जन्मभूमि का ताला कब और किसके आदेश से खुला था?

उत्तर- **उत्तर प्रदेश के फैजाबाद जिले के अयोध्या में स्थित रामजन्मभूमि का ताला न्यायमूर्ति श्री कृष्णमोहन पाण्डेय, फैजाबाद के आदेश पर दिनांक 01.02.1986 को 06 बजकर 27 मिनट पर अयोध्या के कोतवाल श्री वी.पी. सिंह द्वारा खोला गया था।**

प्रश्न 148-क्या आप जानते हैं कि दिल्ली का प्राचीन नाम क्या था? वह कब और किसने रखा था?

उत्तर- **दिल्ली का पुराना नाम दिल्लीपुर था ईसा के 57 वर्ष पूर्व डिल्ल द्वारा दिल्ली का दिल्लीपुर नाम रखा गया था।**

प्रश्न 149-क्या आप जानते हैं कि संविधान सभा ने राष्ट्रीय ध्वज के डिजाइन को कब स्वीकृति प्रदान की थी?

उत्तर- **संविधान सभा ने 22 जुलाई 1947 को राष्ट्रीय ध्वज के डिजाइन को स्वीकृति प्रदान की थी।**

प्रश्न 150-क्या आप जानते हैं कि पूरे राष्ट्रीय गान का रेकार्ड बजने में कितना समय लगता है?

उत्तर- **पूरे राष्ट्रगान को बजने में 52 सेकंड का समय लगता है।**

प्रश्न 151-क्या आप जानते हैं कि किन राज्यों में पंचायती राज प्रणाली सबसे पहले लागू की गयी थी?

उत्तर- **सबसे पहले पंचायती राज प्रणाली महाराष्ट्र और राजस्थान में लागू की गयी थी।**

प्रश्न 152-क्या आप जानते हैं कि राष्ट्रपति पद हेतु उम्मीदवार की न्यूनतम आयु कितनी होनी चाहिए?

उत्तर-   भारतीय राष्ट्रपति पद के उम्मीदवार की आयु 35 वर्ष होनी चाहिए।

प्रश्न 153-क्या आप जानते हैं कि महाभारत का पुराना नाम क्या था?

उत्तर-   महाभारत का पुराना नाम जयसंहिता था।

प्रश्न 154-क्या आप जानते हैं कि प्रसिद्ध कोहिनूर हीरा कहाँ से प्राप्त हुआ था?

उत्तर-   कोहीनूर हीरा गोलकुंडा की खान से प्राप्त हुआ था।

प्रश्न 155-क्या आप जानते हैं कि देश का सर्वप्रथम समाचार बुलेटिन कब और कहाँ से प्रसारित हुआ था?

उत्तर-   देश का सर्वप्रथम समाचार बुलेटिन 23 जुलाई 1927 को मुम्बई के एक निजी रेडियो स्टेशन से प्रसारण हुआ था।

प्रश्न 156-क्या आप जानते हैं कि भारत में डाक सेवा की शुरुआत कब हुई?

उत्तर-   भारत में डाक सेवा की शुरुआत सन् 1837 ई. में हुई।

प्रश्न 157-क्या आप जानते हैं कि भारत में मनीआर्डर सेवा और स्पीड पोस्ट की शुरूआत कब हुई?

उत्तर-   भारत में मनीआर्डर सन 1880 तथा स्पीट पोस्ट 01 अगस्त, 1986 से शुरू हई थी।

प्रश्न 158-क्या आप जानते हैं कि पहला भारतीय डाक टिकट कब और कहाँ छापा गया था?

उत्तर-   प्रथम भारतीय डाक टिकट जुलाई 1854 ई. को कलकत्ता की टकसाल में छापा गया था।

प्रश्न 159-क्या आप जानते हैं कि भारत का विस्तार क्षेत्र क्या है?

उत्तर-   भारत का विस्तार उत्तर से दक्षिण तक 3,214 कि.मी. तथा पूर्व से पश्चिम तक 2,933 कि.मी. है।

प्रश्न 160-क्या आप जानते हैं कि भारत में रोजाना कितनी महिलाओं की मृत्यु दहेज के कारण होती है?

उत्तर-   सन् 1995 के अनुसार हमारे देश भारत में प्रतिदिन 17 स्त्रियों की मृत्यु दहेज के कारण होती है।

प्रश्न 161-क्या आप जानते हैं कि देश में प्रतिवर्ष कितने लोग तम्बाकू से सम्बन्धित रोगों से मरते हैं?

उत्तर- भारत में प्रतिवर्ष आठ लाख लोग तम्बाकू से मरते हैं।

प्रश्न 162-क्या आप जानते हैं कि इस समय देश की अर्थव्यवस्था की कितनी धनराशि काले धन के रूप में प्रचलन में है?

उत्तर- लगभग एक लाख करोड़ रुपये कालेधन के रूप में विदेशों में जमा है।

प्रश्न 163-क्या आप जानते हैं कि भारतीय जनसंख्या में प्रतिवर्ष कितने लोग जुड़ जाते हैं?

उत्तर- भारतीय जनसंख्या में प्रतिवर्ष लगभग 1.72 करोड़ लोग जुड़ जाते हैं।

प्रश्न 164-क्या आप जानते हैं कि देश में कुल टेलीफोन कनेक्शन प्राप्तकर्ताओं की संख्या क्या है?

उत्तर- देश में कुल टेलीफोन कनेक्शन धारकों की संख्या लगभग 128.3 लाख है। यह आकड़ा सन् 1995-96 का है।

प्रश्न 165-क्या आप जानते हैं कि भारत के कितने प्रतिशत लोग झुग्गी-झोपड़ियों में रहते हैं?

उत्तर- भारत के 36 प्रतिशत लोग झुग्गी झोपड़ी में रहते हैं।

प्रश्न 166-क्या आप जानते हैं कि विश्व में सर्वाधिक चीनी उत्पादक देश कौन-सा है?

उत्तर- विश्व में भारत गन्ना और चीनी उत्पादन के क्षेत्र में प्रथम स्थान पर है।

प्रश्न 167-क्या आप जानते हैं कि अंग्रेजों ने भारत में अपनी पहली फैक्टरी कहाँ स्थापित की थी?

उत्तर- अंग्रजों ने अपनी पहली फैक्ट्री सूरत में स्थापित की थी।

प्रश्न 168-क्या आप जानते हैं कि जनसंख्या बढ़ने का भारत में मुख्य कारण क्या है?

उत्तर- भारत में जनसंख्या बढ़ने का मुख्य कारण मृत्युदर में कमी है।

प्रश्न 169-क्या आप जानते हैं कि भोपाल दुर्घटना में किस गैस का रिसाव हुआ था?

उत्तर- भोपाल दुर्घटना में मिथाइल आइसोसायनेट गैस का रिसाव हुआ, जिससे सैकड़ों लोगों की मृत्यु हो गयी थी।

प्रश्न 170-क्या आप जानते हैं कि संसार की सबसे महँगी वस्तु क्या है?

उत्तर- **संसार की सबसे महँगी वस्तु यूरेनियम है।**

प्रश्न 171-क्या आप जानते हैं कि विश्व में वह कौन-सी महारानी थी, जिसने मोम से भिगोया हुआ वस्त्र पहनकर अग्नि-परीक्षा दी थी?

उत्तर- **फ्रांस की महारानी 'रिचर्ड' को अपने पति लुइस स्काउट द्वारा चारित्रिक सन्देह किये जाने के कारण अपनी निर्दोषिता सिद्ध करने के लिए मोम में डुबाया हुआ गाउन पहनकर जलती आग पर चलने के लिए बाध्य किया गया। रानी निर्दोष सिद्ध हुई थी।**

प्रश्न 172-क्या आप जानते हैं कि किस राजा ने तम्बाकू पीना अनिवार्य कर दिया था?

उत्तर- **रूस के राजा पीटर दी ग्रेट ने 15वीं शताब्दी में तम्बाकू पीना अनिवार्य कर दिया था।**

प्रश्न 173-क्या आप जानते हैं कि किस देश के राष्ट्रपति का शासन एक वर्ष का होता है?

उत्तर- **स्विट्ज़रलैण्ड के राष्ट्रपति का शासन एक वर्ष का होता है।**

प्रश्न 174-क्या आप जानते हैं कि वह कौन-सा देश है जहाँ महिलाओं को स्कूली शिक्षा (सहशिक्षा) नहीं दी जाती है?

उत्तर- **सऊदी अरब में महिलाओं को सहशिक्षा नहीं दी जाती है।**

प्रश्न 175-क्या आप जानते हैं कि किस देश के निवासी पेड़ों पर रहते हैं?

उत्तर- **कांगो बेसिन के निवासी पेड़ों पर रहते हैं।**

प्रश्न 176- क्या आप जानते हैं कि किस देश में सबसे अधिक स्त्रियाँ हैं?

उत्तर- **सोवियत संघ में सबसे अधिक स्त्रियाँ हैं।**

प्रश्न 177-क्या आप जानते हैं कि किस देश में स्त्रियाँ सेना में हैं?

उत्तर- **इजराइल की स्त्रियाँ लड़ाकू सैनिक में कार्यरत हैं।**

प्रश्न 178-क्या आप जानते हैं कि किस देश का कानून सबसे कठोर माना जाता है?

उत्तर- **सऊदी अरब का कानून विश्व का सबसे कठोर कानून है।**

प्रश्न 179-क्या आप जानते हैं कि किस देश का प्रत्येक नागरिक सैनिक है?

उत्तर- इजराइल का प्रत्येक नागरिक सैनिक होता है।

प्रश्न 180-क्या आप जानते हैं कि विश्व का सबसे बड़ा कार्यालय कौन-से देश का है?

उत्तर- अमेरिका का रक्षा विभाग पेन्टागन विश्व का सबसे बड़ा कार्यालय है, यहाँ पर 29,000 कर्मचारी काम करते हैं।

प्रश्न 181-क्या आप जानते हैं कि विश्व के सबसे अधिक धनी देश कौन-से हैं?

उत्तर- विश्व के सबसे धनी देश कुवैत, अरब अमीरात व बहरीन हैं।

प्रश्न 182- क्या आप जानते हैं कि विश्व के सबसे गरीब देश कौन हैं?

उत्तर- विश्व के सबसे गरीब देश भूटान, बांग्लादेश, चाड और इथोपिया माने जाते हैं?

प्रश्न 183-क्या आप जानते हैं कि सबसे अधिक अपराध किस देश में होते हैं?

उत्तर- सबसे अधिक अपराध के लिए अमेरिका विख्यात है।

प्रश्न 184-क्या आप जानते हैं कि विश्व का सबसे प्राचीन धर्म कौन-सा है?

उत्तर- विश्व का सबसे प्राचीन धर्म हिन्दू धर्म है।

प्रश्न 185-क्या आप जानते हैं कि सबसे अधिक पुस्तकालय कहाँ है?

उत्तर- सबसे अधिक पुस्तकालय भारत में हैं, भारत में कुल पुस्तकालयों की संख्या 57,000 से अधिक हैं, जिनमें 10 राष्ट्रीय महत्त्व के हैं।

प्रश्न 186-क्या आप जानते हैं कि विश्व का सबसे अधिक जनसंख्या वाला नगर कौन सा है?

उत्तर- विश्व का सबसे अधिक जनसंख्या वाला नगर टोकियो है।

प्रश्न 187-क्या आप जानते हैं कि विश्व में ऐसी कौन-सी झील है जो प्रत्येक बारह वर्ष बाद मीठे व खारे जल में परिवर्तित होती रहती है?

उत्तर- तिब्बत की उरुत्सी झील का पानी प्रत्येक 12 वर्ष बाद मीठे व खारे जल में परिवर्तित होता रहता है।

प्रश्न 188-क्या आप जानते हैं कि अणु बम का परीक्षण सबसे पहले किस देश ने कब किया?

उत्तर- अणु बम का परीक्षण सर्वप्रथम 17 जुलाई, 1945 को अमेरिका ने किया था।

प्रश्न 189-क्या आप जानते हैं कि आधी रात को सूरज किस देश में चमकता है?

उत्तर- आधी रात को सूरज चमकने का चमत्कार नार्वे में होता है।

प्रश्न 190-क्या आप जानते हैं कि नक्षत्र व ग्रहों में क्या अन्तर है?

उत्तर- नक्षत्र स्वयं प्रकाशित होते है, किन्तु ग्रह स्वयं प्रकाशित नहीं होते है।

प्रश्न 191-क्या आप जानते हैं कि पृथ्वी के आकार की अपेक्षा सूर्य कितना बड़ा है?

उत्तर- सूर्य का आकार पृथ्वी से 109 गुना अधिक बड़ा है।

प्रश्न 192-क्या आप जानते हैं कि अचानक तेज रोशनी पड़ने पर हमारी आँखें क्यों झपक जाती हैं?

उत्तर- जब अचानक हमारी आँखों पर रोशनी पड़ती है तो प्रतिवर्ती क्रिया के कारण हमारी आँखें खुली रह जाती हैं।

प्रश्न 193-क्या आप जानते हैं कि सबसे शुद्ध जल कहाँ पाया जाता है?

उत्तर- वर्षा का जल सबसे अधिक शुद्ध होता है। पृथ्वी पर बहने के दौरान उसमें अनेक अशुद्धियाँ आ जाती है।

प्रश्न 194-क्या आप जानते हैं कि जैम और जैली को इनके स्वाद के द्वारा कैसे पहचानोगे?

उत्तर- जैम स्वाद में मीठी और जैली खट्टी-मीठी होती है।

प्रश्न 195-क्या आप जानते हैं कि सेंधा नमक क्या है?

उत्तर- पृथ्वी की सतह से चट्टानों की तह खोदकर निकाला गया नमक, सेंधा नमक कहलाता है।

प्रश्न 196-क्या आप जानते हैं कि कच्चे फलों का स्वाद खट्टा क्यों होता है?

उत्तर- कच्चे फलों का स्वाद खट्टा इसलिए होता है, क्योंकि उनमें अम्ल उपस्थित रहते हैं।

प्रश्न 197-आकाश में तारे टिमटिमाते हुए क्यों दिखाई देते हैं?

उत्तर- हवा की विभिन्न परतों में तापमान अलग-अलग होने से उसका घनत्व भी कम हो जाता हैं, इसलिए तारों से आता प्रकाश वायु के विभिन्न परतों में परिवर्तित होता रहता है, जिससे मनुष्य की आँखों को ये तारे टिमटिमाते हुए दिखाई देते हैं।

प्रश्न 198-रुधिर (खून) लाल क्यों होते हैं?

उत्तर- रुधिर में एक प्रोटीन युक्त पीगमेंट होती है, जिसे हीमोग्लोबीन कहते हैं। इसका रंग लाल होता है। इस पिगमेंट के कारण रुधिर का रंग लाल दिखाई देता है।

प्रश्न 199-क्या आप जानते हैं कि यूनिसेफ का पूरा नाम क्या है?

उत्तर- यूनिसेफ का पूरा नाम संयुक्त राष्ट्रीय बाल आपात कोष है।

प्रश्न 200- क्या आप जानते हैं कि शराब किससे बनाया जाता है?

उत्तर- शराब शर्करा और अनाज जैसे- जौ, मक्का, गुड़, शीरा, आलू, अंगूर, महुआ आदि के किण्वन द्वारा बनाया जाता है।

प्रश्न 201-तम्बाकू के पौधों का वानस्पितिक नाम क्या है? इसका मूल स्थान कहाँ है और इसे यूरोप लाने वाला व्यक्ति कौन था?

उत्तर- तम्बाकू के पौधों का वानस्पतिक नाम निकोटियाना ओबेकम कुल सोलेनेसी है। इसका मूल स्थान अमेरिका का उष्ण कटिबंधीय भाग है, जहाँ से एक खोजी नाविक कोलम्बस द्वारा इसे यूरोप में लाया गया।

प्रश्न 202-क्या आप जानते हैं कि दर्पण कितने प्रकार के होते हैं?

उत्तर- दर्पण तीन प्रकार के होते हैं :-

1. समतल दर्पण   2. उत्तल दर्पण
3. अवतल दर्पण

प्रश्न 203-क्या आप जानते हैं कि भारत के किस गाँव में 365 शिवमंदिर व 365 कुएँ हैं?

उत्तर- उत्तर प्रदेश के सिद्धार्थनगर जिले के बिस्कोहर नामक गाँव में 365 शिव मंदिर व 365 कुएँ आज भी विद्यमान हैं।

प्रश्न 203-क्या आप जानते हैं कि सर्वाधिक राष्ट्रीय फिल्म पुरस्कार पाने वाला अभिनेता कौन है?

उत्तर- 100 साल के सिनेमा में सर्वाधिक 3 बार राष्ट्रीय फिल्म पुरस्कार पाने वाले मिथुन चक्रवर्ती अकेले अभिनेता हैं।

भाग : 3
मिसलेनियस

मिसलेनियस

प्रश्न 1- क्या आप जानते हैं हम अपने पूरे जीवन में लगभग कितनी बार आँखें झपकाते हैं?

उत्तर- हम अपने पूरे जीवन में लगभग 25 करोड़ बार आँखें झपकाते हैं?

प्रश्न 2- क्या आप जानते है कि 24 घंटे में हम कितनी बार साँस लेते हैं?

उत्तर- हम 24 घंटे में लगभग 22,999 बार साँस लेते हैं।

प्रश्न 3- क्या आप जानते हैं कि मनुष्य के पूरे जीवन में उसका हृदय कितनी बार धड़कता है?

उत्तर- मनुष्य का हृदय उसके पूरे जीवन में लगभग 200 करोड़ बार धड़कता है।

प्रश्न 4- क्या आप जानते हैं कि मनुष्य कितनी किस्म के गंध को पहचान सकता है?

उत्तर- मनुष्य लगभग 10,000 किस्म की गंध को पहचान सकता है।

प्रश्न 5- क्या आप जानते हैं कि मनुष्य का नेत्र कितनी तरह के रंगों को पहचान सकता है?

उत्तर- मानव नेत्र लगभग 17 हजार तरह की रंगों की पहचान कर सकता है।

प्रश्न 6- क्या आप जानते है मानव शरीर के किस अंग को काटने पर दर्द नहीं होता है?

उत्तर- मानव के किसी भी अंग को काटने पर दर्द होगा, लेकिन मस्तिष्क को काटने पर दर्द का कुछ भी अनुभव नहीं होगा।

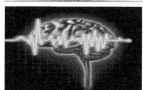

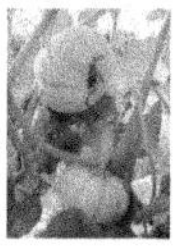

प्रश्न 7- क्या आप जानते हैं कि कद्दू का जड़ कितना लम्बा होता है?

उत्तर- कद्दू का जड़ लगभग 25-27 कि.मी. तक लम्बी होती है।

प्रश्न 8- क्या आप जानते हैं कि कितना सेकंड रक्त चूसने के बाद जोंक को एक वर्ष तक भोजन की आवश्यकता नहीं पड़ती है?

उत्तर- 1200 सेकंड तक रक्त चूसने के बाद जोंक को एक वर्ष तक भोजन की आवश्यकता नहीं होती है।

प्रश्न 9- क्या आप जानते हैं कि घोंघे की कितनी आँखें होती हैं?

उत्तर- घोंघे की लगभग 100 आँखें होती है।

प्रश्न 10- क्या आप जानते हैं कि कौन-सा पक्षी अपनी गरदन चारों तरफ घुमा सकता है?

उत्तर- उल्लू अपनी गरदन चारों तरफ घुमा सकता है।

प्रश्न 11- क्या आप जानते हैं कि आकाशगंगा के तारों का नाम लेने में कितना समय लगेगा

उत्तर- यह लगातार बिना रुके आकाशगंगा के तारों का नाम लिया जाए तो तारों का नाम लेने में 5 हजार वर्ष लग सकते है।

प्रश्न 12- क्या आप जानते हैं सूर्यग्रहण अधिकतम कितने समय तक हो सकता है?

उत्तर- कोई भी सूर्यग्रहण 478 सेकंड से अधिक नहीं हो सकता है।

प्रश्न 13- क्या आप जानते हैं कि भारत की किस औरत को मानव कम्प्यूटर कहा जाता है?

उत्तर- भारत की शकुन्तला देवी को मानव कम्प्यूटर कहा जाता है, क्योंकि शकुंतला देवी ने 18 जून 1980 को लंदन के इंपीरियल कालेज के कम्प्यूटर विभाग के सामने अचानक ली गई दो संख्या 7686369774870x 2465099745779 का गुणा मौखिक रूप से 28 सेकण्ड में कर दिया था, जो बाद में जाँचने पर सही निकला। उनके द्वारा किया गया गुणनफल था- 18947668177995426462773730

प्रश्न 14- क्या आप जानते हैं कि तितली की कितनी आँखें होती हैं?

उत्तर- तितली की लगभग 12000 तक आँखें हो सकती हैं।

प्रश्न 14- क्या आप जानते हैं कि शहजादे सलीम की 8 वर्ष की उम्र में कितनी पत्नियाँ थी?

उत्तर- शहजादे सलीम की 8 वर्ष की उम्र में 4 पत्नियाँ थी।

प्रश्न 15- क्या आप जानते है चीन की दीवार की लम्बाई कितनी है?

उत्तर- चीन के दीवार की लम्बाई 3219 कि.मी. है।

प्रश्न 16- क्या आप जानते हैं कि कौन-सी किरण स्टील के प्लेट को भी भेद सकती है?

उत्तर- गामा किरणें 20 सेंटी मी. स्टील की प्लेट को भी भेद सकती हैं।

प्रश्न 17- क्या आप जानते हैं कि हमें थकान क्यों लगती है?

उत्तर- जब हमारी माँसपेशियों में लैक्टिक अम्ल एकत्रित हो जाता है तब हमें थकान लगती है।

प्रश्न 18- क्या आप जानते हैं कि भैंस के दूध में कितना प्रतिशत वसा होता है?

उत्तर- भैंस के दूध में 7.2 प्रतिशत वसा की मात्रा होती है।

प्रश्न 19- क्या आप जानते हैं कि भारत की किस महिला ने सबसे पहले एम. ए. उत्तीर्ण किया था?

उत्तर- कलकत्ता की चन्द्रमुखी बोस भारत की पहली एम.ए. उत्तीर्ण करने वाली महिला थी।

प्रश्न 20- क्या आप जानते हैं कि आगरा का लाल किला तथा दिल्ली का लाल किला किसने बनवाया था?

उत्तर- आगरा का लाल किला अकबर ने तथा दिल्ली का लाल किला शाहजहाँ ने बनवाया था।

प्रश्न 21- क्या आप जानते हैं कि मानव मस्तिष्क में कितनी शक्ति होती है?

उत्तर- मानव मस्तिष्क में 10 वाट की विद्युत शक्ति होती है।

प्रश्न 22- क्या आप जानते हैं कि 16 वर्ष की उम्र में कौन-सा व्यक्ति प्रोफेसर बन गया था?

उत्तर- डेनिस लीफेव्रे (1488-1558) 16 वर्ष की उम्र में ही पेरिस विश्वविद्यालय में लैटिन तथा यूनानी विभाग का प्रोफेसर बन गया था।

प्रश्न 23– क्या आप जानते हैं कि एक भिश्ती को 6 घंटे के लिए भारत का सम्राट क्यों बनाया गया था?

उत्तर– सम्राट शहंशाह हुमायूँ को डूबने से बचाने के लिए पुरस्कार के स्वरूप अजमेर के एक भिश्ती को 6 घण्टे के लिए भारत का सम्राट बनाया गया। उसने उसी 6 घण्टे के शासनकाल में चमड़े के सिक्के बनवा दिये थे।

प्रश्न 24– क्या आप जानते हैं कि मनुष्य का कौन-सा पैर छोटा होता है?

उत्तर– मनुष्य का बायां पैर उसके दायें पैर के अपेक्षा कुछ छोटा होता है।

प्रश्न 25– क्या आप जानते हैं कि किस औरत ने एक बार में 9 बच्चों को जन्म दिया था?

उत्तर– श्रीमती गेरालाइन ने ऑस्ट्रेलिया के सिडनी शहर के रॉयल अस्पताल में 13 जून 1971 को एक ही बार में 9 बच्चों को जन्म दिया था, जिसमें 5 लड़के और 4 लड़कियाँ थी।

प्रश्न 26– क्या आप जानते हैं कि हाल ही में विश्व का सबसे लम्बा एवं चौड़ा केबल पुल कहाँ बनाया गया है?

उत्तर– चीन के शाओजिंग प्रान्त में विश्व का सबसे लम्बा एवं चौड़ा केबल पुल बनाया गया है। जिसकी लम्बाई 10 कि.मी. है। इस केबल को बनाने में 7 वर्ष से अधिक का समय लगा है।

प्रश्न 27– क्या आप जानते हैं कि मोबाइल फोन ने 03 अप्रैल 2013 को कौन सा वर्ष पूरा किया?

उत्तर– 03 अप्रैल 2013 को मोबाइल फोन ने अपनी स्थापना के 40 वर्ष पूरे किए ।

प्रश्न 28– क्या आप जानते हैं कि दुनिया में सबसे ज्यादा बिकने वाला मोबाइल फोन कौन सा है?

उत्तर– फिनलैण्ड की कम्पनी नोकिया का मोबाइल मॉडल 1100 दुनिया का सबसे ज्यादा बिकने वाला मोबाइल फोन है। इस मोबाइल की बिक्री 25 करोड़ से अधिक है।

प्रश्न 29- क्या आप जानते हैं कि किस लड़के ने गूगल पर 4.1 अंक हासिल कर अरूंधती राय के बराबर पहुँच गया?

उत्तर- उत्तर प्रदेश के 17 वर्षीय श्रीयुत अपनी उपन्यास 'यू आर द वन फार समवन' के लिए गूगल बुक्स की रेटिंग में 5 में 4.1 अंक हासिल कर चेतन भगत, अरूंधती राय व सलमान रूश्दी जैसे लेखकों के कतार में शामिल हो गए ।

प्रश्न 30- क्या आप जानते हैं कि आकाश में चमकने वाले तारे एक दूसरे से कितनी दूरी पर होते हैं?

उत्तर- आकाश में चमकने वाले तारे एक दूसरे से कम से कम 2 करोड़ मील की दूरी पर होते हैं।

प्रश्न 31- क्या आप जानते हैं कि जर्मनी का चांसलर हिटलर किस तरह का भोजन करता था?

उत्तर- दुनिया का सबसे बड़ा तानाशाह हिटलर शुद्ध शाकाहारी था। यह जर्मनी का चांसलर भी था।

प्रश्न 32- क्या आप जानते हैं पूरे पृथ्वी से प्रत्येक मिनट में कितना पानी वाष्प बनकर उड़ जाता है?

उत्तर- प्रत्येक मिनट में पूरे पृथ्वी से लगभग 37,000,000,000 टन पानी वाष्प बनकर उड़ जाता है।

प्रश्न 33- क्या आप जानते हैं कि पृथ्वी पर जिस वस्तु का वजन 1 किलो होता है सूर्य पर उसी वस्तु का वजन 28 किलो क्यों होता है?

उत्तर- क्योंकि पृथ्वी की अपेक्षा सूर्य पर गुरुत्वाकर्शण 28 गुना अधिक है ।

प्रश्न 34- क्या आप जानते हैं कि वह कौन सा व्यक्ति था जो लगातार 9 घंटे नहाता था?

उत्तर- ब्रिटेन के मिस्टर राबर्ट तीन दिन में एक बार नहाते थे और वह भी 9 घंटा लगातार।

प्रश्न 35- क्या आप जानते हैं वह कौन सी सुंदरी थी जो शराब से नहाती थी?

उत्तर- स्पेन की प्रसिद्ध सुन्दरी मोनिका द वडिल्ले उम्दा किस्म के शराब से नहाती थी।

प्रश्न 36– क्या आप जानते हैं कि हमारा हृदय कब एक सेकंड के लिए रुक जाता है?

उत्तर– जब हम छींकते हैं तो एक सेकंड के लिए हमारा हृदय रुक जाता है।

प्रश्न 37– क्या आप जानते हैं कि किसकी सहायता से सूक्ष्म बस्तु को स्पष्ट देखा जाता है?

उत्तर– सूक्ष्मदर्शी की सहायता से नजदीक की सूक्ष्म वस्तु को स्पष्ट देखा जाता है।

प्रश्न 38– क्या आप जानते हैं कि मानव शरीर का साधारण तापमान कितना होता है?

उत्तर– मानव शरीर का साधारण तापमान 98.6° अथवा 37 होता है।

प्रश्न 39– क्या आप जानते हैं कि दूध को दही में परिवर्तित करने वाला एंजाइम कौन सा है?

उत्तर– दूध को दही में परिवर्तित करने वाला एंजाइम रेनिन है।

प्रश्न 40– क्या आप जानते हैं कि जिराफ की जीभ कितनी लम्बी होती है?

उत्तर– जिराफ की जीभ 21 इंच लम्बी होती है, जिससे वह अपना कान भी साफ कर लेता है।

राष्ट्रीय एवं अंतरराष्ट्रीय पुरस्कार

प्रश्न 1– क्या आप जानते है कि इंस्टीट्यूट ऑफ फिजिक्स द्वारा प्रतिष्ठित फीजिक्स जर्नलिज्म अवार्ड किसे दिया गया?

उत्तर– भारतीय मूल के ब्रिटिश लेखक अनिल अनन्तस्वामी को 1 मार्च 2013 को प्रतिष्ठित फीजिक्स जर्नलिज्म अवार्ड दिया गया।

प्रश्न 2– क्या आप जानते हैं कि महावीर पुरस्कार 2013 से किसे सम्मानित किया गया?

उत्तर– नेल्सन मण्डेला को पहले महावीर पुरस्कार 2013 सम्मानित किया गया।

प्रश्न 3– क्या आप जानते हैं कि इंटरनेशनल चिल्ड्रेन्स पीस प्राइज से किसे सम्मानित किया गया?

उत्तर– पाकिस्तान की मलाला युसुफजई को इंटरनेशनल चिल्ड्रेन्स पीस प्राइज से सम्मानित किया गया है।

प्रश्न 4– क्या आप जानते हैं कि राजीव गांधी राष्ट्रीय खेल पुरस्कार से किसे सम्मानित किया गया?

उत्तर–31 अगस्त 2013 को राष्ट्रपति प्रणब मुखर्जी ने निशानेबाज रंजन सोढ़ी को राजीव गांधी राष्ट्रीय खेल पुरस्कार से सम्मानित किया।

प्रश्न 5– क्या आप जानते हैं कि राजीव गांधी वन्यजीव संरक्षण पुरस्कार 2009 से किसे सम्मानित किया गया?

उत्तर– राष्ट्रीय बाघ संरक्षण प्राधिकरण के उपमहानिदेशक एस.पी. यादव को अगस्त 2013 में राजीव गांधी वन्यजीव संरक्षण पुरस्कार 2009 से सम्मानित किया गया।

प्रश्न 6– क्या आप जानते हैं कि सन् 2012 का राजीव गांधी राष्ट्रीय सद्भावना पुरस्कार किसे दिया गया?

उत्तर– सन् 2012 का राजीव गांधी राष्ट्रीय सद्भावना पुरस्कार उस्ताद अमजद अली खां को दिया गया।

प्रश्न 7– क्या आप जानते हैं कि लोकमान्य तिलक अवार्ड 2013 से सम्मानित किया गया?

उत्तर– ई. श्रीधरन को लोकमान्य तिलक अवार्ड 2013 से सम्मानित किया गया।

प्रश्न 8– क्या आप जानते है 22वें सरस्वती सम्मान से किसे सम्मानित किया गया?

उत्तर– 02 अगस्त 2013 को सुगाथा कुमारी को के.के. बिड़ला फाउण्डेशन ने 22वें सरस्वती सम्मान 2012 से सम्मानित किया।

प्रश्न 9- क्या आप जानते हैं कि 2013 का ग्रीन ऑस्कर पुरस्कार किसे दिया गया?

उत्तर- अपराजिता दत्ता को 2013 का ग्रीन ऑस्कर पुरस्कार दिया गया।

प्रश्न 10- क्या आप जानते हैं कि मिस इंडिया वर्ल्ड वाइड 2013 की विजेता कौन हैं?

उत्तर- मिस इंडिया वर्ल्ड वाइड 2013 के खिताब की विजेता ब्रिटेन की नेहल भोगाइता हैं, ये यह प्रतियोगिता जीतने वाली पहली बधिर प्रतियोगी हैं।

प्रश्न 11- क्या आप जानते हैं कि श्रीमती शंकरदेव पुरस्कार से किसे सम्मानित किया गया?

उत्तर- 13 मई 2013 को गोहाटी में राष्ट्रपति प्रणब मुखर्जी ने शर्मिला टैगोर को श्रीमती शंकरदेव पुरस्कार से सम्मानित किया।

प्रश्न 12- क्या आप जानते हैं कि 66वें कान फिल्म महोत्सव में पाम डी पुरस्कार से किस फिल्म को सम्मानित किया गया?

उत्तर- ब्लू इज द वार्मेस्ट कलर फिल्म को पाम डी पुरस्कार से सम्मानित किया गया।

प्रश्न 13- क्या आप जानते हैं कि 2012 के साहित्यिक सम्मान ज्ञानपीठ पुरस्कार से किसे सम्मानित किया गया?

उत्तर- 2012 के साहित्यिक सम्मान ज्ञानपीठ पुरस्कार के लिए तेलुगु के प्रसिद्ध लेखकर रावुरि भारद्वाज को चुना गया।

प्रश्न 14- क्या आप जानते हैं कि वर्ष 2012 का बिहारी पुरस्कार किसे दिया गया?

उत्तर- राजस्थानी लेखक हरिराम मीणा को वर्ष 2012 का बिहारी पुरस्कार दिया गया ।

प्रश्न 15- क्या आप जानते हैं कि लैरियस स्पोर्ट्समैन ऑफ द ईयर 2013 के खिताब से किसे सम्मानित किया गया?

उत्तर- उसैन बोल्ट को लैरियस वर्ल्ड स्पोर्ट्समैन ऑफ द ईयर 2013 के खिताब से सम्मानित किया गया।

प्रश्न 16- क्या आप जानते हैं कि 60वें राष्ट्रीय फिल्म पुरस्कार में किस फिल्म को सर्वश्रेष्ठ चुना गया?

उत्तर- पान सिंह तोमर को 60वें राष्ट्रीय फिल्म पुरस्कार में सर्वश्रेष्ठ फिल्म चुना गया।

प्रश्न 17- क्या आप जानते हैं कि सरस्वती सम्मान 2012 से किसे सम्मानित किया गया?

उत्तर- मलयालम भाषा की कवियत्री सुगाथा कुमारी को उनके काव्य संग्रह मनलेक्षतु के लिए सरस्वती सम्मान 2012 से सम्मानित किया गया।

प्रश्न 18- क्या आप जानते हैं कि फेमिना मिस इंडिया 2013 का खिताब किसे दिया गया?

उत्तर- नवनीत कौर ढिल्लन को फेमिना मिस इंडिया 2013 का खिताब दिया गया।

प्रश्न 19- क्या आप जानते हैं कि वर्ष 2012 का वूमेंस पुरस्कार किसे दिया गया?

उत्तर- लेखिका हिलेरी मैंटल को 2012 का वूमेंस पुरस्कार दिया गया।

प्रश्न 20- क्या आप जानते हैं कि बांग्लादेश सरकार ने राष्ट्रपति प्रणब मुखर्जी को बांग्लादेश ने कौन सा सम्मान दिया है?

उत्तर- **बांग्लादेश सरकार ने राष्ट्रपति प्रणब मुखर्जी को मुक्ति संग्राम पुरस्कार से सम्मानित किया है।**

प्रश्न 21- क्या आप जानते हैं कि 2012-13 का चमेली देवी जैन पुरस्कार किसे दिया गया?

उत्तर- **अलका थूपर को 2012-13 का चमेली देवी जैन पुरस्कार दिया गया ।**

प्रश्न 22- क्या आप जानते हैं कि नेशनल मेंडल ऑफ टेक्नोलाजी एण्ड इनोवेशन पुरस्कार 2011 से किसे सम्मानित किया गया?

उत्तर- **भारतीय मूल के अमेरिकी वैज्ञानिक रंगास्वामी श्रीनिवास को अमेरिका के राष्ट्रपति बराक ओबामा ने फरवरी 2013 में नेशनल मेंडल ऑफ टेक्नोलाजी एण्ड इनोवेशन पुरस्कार 2011 से सम्मानित किया।**

प्रश्न 23- क्या आप जानते हैं कि निजी क्षेत्र के किस बैंक को वर्ष 2012 का फाइनेंसियल इंस्टीच्युशन्स सिंडिकेटेड डील ऑफ द ईयर पुरस्कार दिया गया?

उत्तर- **यस बैंक को वर्ष 2012 का फाइनेंसियल इंस्टीच्युशन्स सिंडिकेटेड डील ऑफ द ईयर पुरस्कार से फरवरी 2013 में नवाजा गया।**

प्रश्न 24- क्या आप जानते हैं कि 55वाँ ग्रैमी पुरस्कार किसे दिया गया?

उत्तर- **55वाँ ग्रैमी पुरस्कार पं. रविशंकर को उनके मरणोपरान्त लाइफ टाइम एचीवमेंट से सम्मानित किया गया।**

प्रश्न 25- क्या आप जानते हैं कि वर्ष 2012 का व्यास सम्मान किसे दिया गया?

उत्तर- **डा. नरेद्र कोहली को उनके उपन्यास 'ना भूतो ना भविष्यते' पर उन्हें वर्ष 2012 का व्यास सम्मान दिया गया।**

प्रश्न 26- क्या आप जानते हैं कि सिएट इंटरनेशनल क्रिकेटर ऑफ द ईयर किसे प्रदान किया गया?

उत्तर- **भारतीय क्रिकेटर विराट कोहली को जनवरी 2013 में वर्ष 2011-12 का सिएट इंटरनेशनल क्रिकेटर ऑफ द ईयर प्रदान किया गया।**

प्रश्न 27- क्या आप जानते हैं कि वर्ष 2013 के पद्यम विभूषण से किसे सम्मानित किया गया?

उत्तर- **वर्ष 2013 के पद्म विभूषण से रघुनाथ महापात्र, एस हैदर रजा, प्रो. यशपाल एवं प्रो. रोडम नरसिम्हा को सम्मानित किया गया।**

प्रश्न 28- क्या आप जानते हैं कि उत्तर प्रदेश के संस्कृति निदेशालय द्वारा 23 मार्च 2013 को वर्ष 2013 का यश भारतीय सम्मान किसे दिया गया?

उत्तर- **वर्ष 2013 का यश भारतीय सम्मान छन्नू लाल मिश्र (शास्त्रीय गायक) प्रो. सत्यमित्र दूबे (साहित्यकार) मस्त कपूर, राजेन्द्र यादव (साहित्यकार), नर सिंह यादव, मेवाला लाल यादव (पहलवान) जावेद अली (पार्श्व गायक), सुरेश रैना (क्रिकेटर), अमीर**

रजा हुसैन (नाट्य कर्मी), डा. रामकृष्ण राजपूत (साहित्यकार) विवेक गुप्ता (हाकी) अंशु तोमर (महिला पहलवान), अभिजीत भट्टाचार्य (गायक) को दिया गया ।

प्रश्न 29- क्या आप जानते हैं कि 22 मार्च 2013 को उत्तर प्रदेश हिन्दी संस्थान द्वारा वर्ष 2009 का भारत भारती सम्मान किसे दिया गया?

उत्तर- **वर्ष 2009 का भारत भारती सम्मान डा. महीप सिंह, 2010 का भारत भारती सम्मान डॉ. कैलाश वाजपेयी और 2011 का भारत भारती सम्मान गोविन्द मिश्र को दिया गया।**

प्रश्न 30- क्या आप जानते हैं कि 07 अगस्त 2013 को उत्तर प्रदेश हिन्दी संस्थान द्वारा वर्ष 2012 का लोहिया साहित्य सम्मान, हिन्दी गौरव सम्मान, महात्मा गांधी साहित्य सम्मान, दीन दयाल उपाधयाय सम्मान, अवन्ती बाई सम्मान, बाल साहित्य भारती सम्मान व प्रवासी भारतीय हिन्दी भूषण सम्मान किसे दिया गया?

उत्तर- **वर्ष 2012 का लोहिया साहित्य सम्मान चौथी राम यादव को हिन्दी गौरव सम्मान सोम ठाकुर को महात्मा गांधी साहित्य सम्मान, मनू भण्डारी को दीन दयाल उपाध्याय सम्मान, बलदेव वंशी को अवन्ती बाई सम्मान चित्र मुद्गल को बाल साहित्य भारती सम्मान प्रकाश मनु को व प्रवासी भारतीय हिन्दी भूषण सम्मान तेजेन्द्र शर्मा को दिया गया।**

प्रश्न 31- क्या आप जानते है 23 जून 2013 को वर्ष 2012-13 का सुधीन्द्र पुरस्कार, रांगेय राघव पुरस्कार, देवराज उपाध्याय पुरस्कार, सुमनेश जोशी पुरस्कार, शम्भू दयाल सक्सेना पुरस्कार तथा मीरा पुरस्कार किसे दिया गया?

उत्तर- **हरीश करमचन्दानी को रांगेय राघव पुरस्कार, सावित्री राका को देवराज उपाध्याय पुरस्कार, रेणु शाह को सुमनेश जोशी पुरस्कार, शारदा शर्मा को शम्भू दयाल सक्सेना पुरस्कार, त्रिलोक सिंह ठकरेला को तथा मीरा पुरस्कार भवानी सिंह को दिया गया।**

प्रश्न 32- क्या आप जानते हैं कि 2013 का इसरो युवा वैज्ञानिक पुरस्कार किसे दिया गया?

उत्तर- **वर्ष 2013 का इसरो युवा वैज्ञानिक पुरस्कार जेनिता मैरी नोंगकिनरिह को दिया गया।**

प्रश्न 33- क्या आप जानते हैं कि वर्ष 2013 का गुजरमल मोदी पुरस्कार किसे दिया गया?

उत्तर- **वर्ष 2013 का गुजरमल मोदी पुरस्कार प्रसिद्ध वैज्ञानिक विनोद प्रकाश शर्मा को दिया गया।**

प्रश्न 34- क्या आप जानते हैं कि वर्ष 2012 का घनश्याम दास बिड़ला पुरस्कार किसे दिया गया?

उत्तर- **वर्ष 2012 का घनश्याम दास बिड़ला पुरस्कार 22 मार्च 2013 को प्रो. निबिर मण्डल को दिया गया।**

प्रश्न 35- क्या आप जानते हैं कि 2013 का कुसुमाँजलि साहित्य सम्मान किसे दिया गया?

उत्तर- **2013 का कुसुमांजलि साहित्य सम्मान रमेश देव एवं प्रो. गोपीचन्द नारंग को दिया गया।**

प्रश्न 36- क्या आप जानते हैं कि 2012-13 का रचना समग्र पुरस्कार किसे दिया गया?

उत्तर- 2012-13 का रचना समग्र पुरस्कार 30 मार्च 2013 को साहित्यिक संस्था भारतीय भाषा परिषद द्वारा हिन्दी में काशीनाथ सिंह को, असमिया में डॉ. लक्ष्मी नंदन बोरा को, तमिल में डॉ. अशोक मित्रन को व पंजाबी में डॉ. मोहनजीत को दिया गया।

प्रश्न 37- क्या आप जानते हैं कि वर्ष 2012 का 48वाँ ज्ञानपीठ पुरस्कार किसे दिया गया?

उत्तर- 2012 का 48वाँ ज्ञानपीठ पुरस्कार तेलुगु लेखक व कवि डा. रावूरी भारद्वाज को दिया गया।

प्रश्न 38- क्या आप जानते हैं कि बेबी नोबेल सम्मान किसे दिया गया?

उत्तर- बेबी नोबेल सम्मान राज चेट्टी को अप्रैल 2013 में दिया गया।

प्रश्न 39- क्या आप जानते हैं कि अमीरात वुमेन्स अवार्ड 2013 किसे प्रदान किया गया?

उत्तर- अमीरात वुमेन्स अवार्ड 2013 भारतीय मूल की वंदना गांधी को प्रदान किया गया।

लोकप्रिय नाम

प्रश्न 1– क्या आप जानते हैं कि आन्ध्र केसरी किसे कहा जाता है?

उत्तर– टी. प्रकाशम को आंध्र केसरी के नाम से भी जाना जाता है।

प्रश्न 2– क्या आप जानते हैं कि अन्ना नाम से किसे जाना जाता है?

उत्तर– सी.एन.अन्नादुराई को अन्ना नाम से जाना जाता है।

प्रश्न 3– क्या आप जानते हैं कि बापू किसे कहा जाता है?

उत्तर– मोहनदास करम चन्द गांधी (महात्मा गांधी) को बापू कहा जाता है।

प्रश्न 4– क्या आप जानते हैं कि चाचाजी और पंडितजी के नाम से किसे जाना जाता है?

उत्तर– चाचाजी के नाम से जवाहरलाल नेहरू को जाना जाता है।ये भारत के प्रथम प्रधानमंत्री थे।

प्रश्न 5– क्या आप जानते हैं कि देशबंधु का पूरा नाम क्या है?

उत्तर– देशबंधु का पूरा नाम सी.आर.दास है।

प्रश्न 6– क्या आप जानते हैं कि फ्यूहरर (तानाशाह) के नाम से कौन विख्यात है?

उत्तर– एडोल्फ हिटलर फ्यूहरर (तानाशाह) के नाम से विश्व विख्यात हैं। यह जर्मनी के चांसलर और द्वितीय विश्वयुद्ध का रचयिता भी थे।

प्रश्न 7– क्या आप जानते हैं कि भारत का पितामाह किसे कहा जाता है?

उत्तर– भारत का पितामह दादा भाई नौराजी को कहा जाता है।

प्रश्न 8– क्या आप जानते हैं कि गुरुदेव के नाम से किसे जाना जाता है?

उत्तर– गुरुदेव के नाम से महान कवि रवीन्द्रनाथ टैगोर को जाना जाता है। रवीन्द्रनाथ टैगोर ने ही हमारे देश का राष्ट्रगान लिखा है।

प्रश्न 9- क्या आप जानते हैं कि भारत का लौहपुरुष किसे कहा जाता है?

उत्तर- भारत का लौहपुरुष सरदार बल्लभ भाई पटेल को कहा जाता है।

प्रश्न 10- क्या आप जानते हैं कि लोकनायक के नाम से कौन विख्यात है?

उत्तर- लोकनायक के नाम से जयप्रकाश नारायण विख्यात हैं।

प्रश्न 11- क्या आप जानते हैं कि लाल, बाल और पाल किसे कहा जाता है?

उत्तर- लाला लाजपत राय को लाल, बाल गंगाधर तिलक को बाल तथा विपिन चंद्र पाल को पाल कहा जाता है।

प्रश्न 12- क्या आप जानते हैं कि लोकमान्य के नाम से किसे जाना जाता है?

उत्तर- लोकमान्य के नाम बाल गंगाधर तिलक को जाना जाता है।

प्रश्न 13- क्या आप जानते हैं कि महामाना नाम किसका है?

उत्तर- पं. मदनमोहन मालवीय का ही एक नाम महामाना है।

प्रश्न 14- क्या आप जानते हैं कि भारत के किस क्रांतिकारी को भारतवासी प्यार से नेता जी के नाम से पुकारते हैं?

उत्तर- सुभाष चन्द्र बोस को भारतवासी प्यार से नेताजी के नाम से पुकारते हैं। आजाद हिन्द फौज की स्थापना इन्होंने की थी।

प्रश्न 15- क्या आप जानते हैं कि भारत कोकिला के नाम से किसे जाना जाता है?

उत्तर- सरोजनी नायडू को भारत कोकिला के नाम से जाना जाता है?

प्रश्न 16- क्या आप जानते हैं कि शास्त्री जी के नाम से किसे जाना जाता है?

उत्तर- भारत के पूर्व प्रधानमंत्री लालबहादुर शास्त्री को ही शास्त्री जी के नाम से जाना जाता है।

प्रमुख पुस्तकें और उनके लेखक

प्रश्न 1- क्या आप जानते हैं कि आइने अकबरी (फारसी) के लेखक कौन है?

उत्तर- आइने अकबरी (फारसी) के लेखक अबुल फज़ल हैं।

प्रश्न 2- क्या आप जानते हैं कि प्रियप्रवास (हिन्दी) के लेखक कौन है?

उत्तर- प्रियप्रवास (हिन्दी) के लेखक हरिऔंध जी हैं।

प्रश्न 3- क्या आप जानते हैं कि बिहारी सतसई के लेखक कौन है?

उत्तर- बिहारी सतसई (हिन्दी) के लेखक बिहारी जी हैं।

प्रश्न 4- क्या आप जानते हैं कि पृथ्वीराज रासो के लेखक कौन हैं?

उत्तर- पृथ्वीराज रासो (हिन्दी) के लेखक चन्दबरदाई हैं।

प्रश्न 5- क्या आप जानते हैं कि कादम्बरी (संस्कृत) के लेखक कौन हैं?

उत्तर- कादम्बरी (संस्कृत) के लेखक बाणभट्ट हैं।

प्रश्न 6- क्या आप जानते हैं कि आनन्द मठ के लेखक कौन है?

उत्तर- आनंदमठ के लेखक बंकिमचंद्र चटर्जी हैं।

प्रश्न 7- क्या आप जानते हैं कि शाहनामा (फारसी) के लेखक कौन हैं?

उत्तर- शाहनामा (फारसी) के लेखक फिरदौसी हैं।

प्रश्न 8- क्या आप जानते हैं कि चिदम्बरा के लेखक कौन हैं?

उत्तर- चिदम्बरा (हिन्दी) के लेखक सुमित्रानंदन पंत हैं।

प्रश्न 9- क्या आप जानते हैं कि दि स्टोरी ऑफ माई एक्सपेरीमेंट्स विद टूथ (अंग्रेजी) के लेखक कौन हैं?

उत्तर- दि स्टोरी ऑफ माई एक्सपेरीमेंट्स विद टूथ (अंग्रेजी) के लेखक महात्मा गांधी हैं।

प्रश्न 10- क्या आप जानते हैं कि कामायनी के लेखक कौन हैं?

उत्तर- कामायनी (हिन्दी) के लेखक जयशंकर प्रसाद जी हैं।

प्रश्न 11— क्या आप जानते हैं कि अर्थशास्त्र के लेखक कौन हैं?

उत्तर— अर्थशास्त्र (संस्कृत) के लेखक कौटिल्य हैं।

प्रश्न 12— क्या आप जानते हैं कि अभिज्ञान शाकुन्तलम्, मेघदूत, रघुवंश, कुमार संभव (संस्कृत) के लेखक कौन हैं?

उत्तर— अभिज्ञान शाकुन्तलम्, मेघदूत, रघुवंश, कुमार संभव (संस्कृत) के लेखक कालिदास जी हैं।

प्रश्न 13— क्या आप जानते हैं कि दि डिस्कवरी ऑफ इंडिया तथा ग्लिम्पसेज ऑफ वर्ल्ड हिस्ट्री (अंग्रेजी) के लेखक कौन हैं?

उत्तर— दि डिस्कवरी ऑफ इंडिया तथा ग्लिम्पसेज ऑफ वर्ल्ड हिस्ट्री (अंग्रेजी) के लेखक पं. जवाहरलाल नेहरू हैं।

प्रश्न 14— क्या आप जानते हैं कि गोदान एवं मानसरोवर के लेखक कौन हैं?

उत्तर— गोदान, मानसरोवर (हिन्दी) के लेखक मुंशी प्रेमचंद हैं।

प्रश्न 15— क्या आप जानते है हिन्दू व्यू ऑफ लाइफ के लेखक कौन है?

उत्तर— हिंदू व्यू ऑफ लाइफ (अंग्रेजी) के लेखक डॉ. राधकृष्णन हैं।

प्रश्न 16— क्या आप जानते हैं कि गीतांजलि, गोरा, डाकघर के लेखक कौन हैं?

उत्तर— गीतांजलि, गोरा, डाकघर (बंगला) के लेखक रवीन्द्रनाथ टैगोर हैं।

प्रश्न 17— क्या आप जानते हैं कि रामचरितमानस के लेखक कौन हैं?

उत्तर— रामचरितमानस (अवधी) के लेखक तुलसीदास हैं।

प्रश्न 18— क्या आप जानते हैं कि रामायण के लेखक कौन हैं?

उत्तर— रामायण (संस्कृत) के लेखक वाल्मीकी हैं।

प्रश्न 19— क्या आप जानते हैं कि महाभारत के लेखक कौन हैं?

उत्तर— महाभारत (संस्कृत) के लेखक वेदव्यास हैं।

प्रश्न 20— क्या आप जानते हैं कि सूरसागर के लेखक कौन हैं?

उत्तर— सूरसागर (हिन्दी) के लेखक सूरदास हैं।

प्रश्न 21— क्या आप जानते हैं कि पंचतंत्र के लेखक कौन हैं?

उत्तर— पंचतंत्र (संस्कृत) के लेखक विष्णु शर्मा हैं।

प्रश्न 22– क्या आप जानते हैं कि देवदास के लेखक कौन हैं?

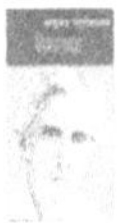

उत्तर– देवदास (बंगाली) के लेखक शरतचंद्र चटर्जी हैं।

प्रश्न 23– क्या आप जानते हैं कि गीत गोविन्द के लेखक कौन हैं?

उत्तर– गीत गोविन्द (संस्कृत) के लेखक जयदेव हैं।

प्रश्न 24– क्या आप जानते हैं कि हर्षचरित के लेखक कौन हैं?

उत्तर– हर्ष चरित (संस्कृत) के लेखक बाणभट्ट है।

प्रश्न 25– क्या आप जानते हैं कि जूही की कली के लेखक कौन हैं?

उत्तर– जूही की कली (हिन्दी) के लेखक निराला हैं।

प्रश्न 26– क्या आप जानते हैं कि मेरी 51 कविताएँ के लेखक कौन हैं?

उत्तर– मेरी इक्यावन कविताएँ (हिन्दी) के लेखक अटल बिहारी वाजपेयी हैं।

प्रश्न 27– क्या आप जानते हैं कि सत्यार्थ प्रकाश के लेखक कौन हैं?

उत्तर– सत्यार्थ प्रकाश (हिन्दी) के लेखक स्वामी दयानन्द हैं।

प्रश्न 28– क्या आप जानते हैं कि द गॉड ऑफ स्माल थिंग्स की लेखक कौन हैं?

उत्तर– द गॉड ऑफ स्माल थिंग्स (अंग्रेजी) की लेखक अरूंधती राय हैं।

प्रश्न 29– क्या आप जानते हैं कि दि इंसाइडर के लेखक कौन हैं?

उत्तर– दि इन्साइडर (अंग्रेजी) के लेखक नरसिंह राव हैं।

प्रश्न 30– क्या आप जानते हैं कि कुरूक्षेत्र के लेखक कौन हैं?

उत्तर– कुरूक्षेत्र के लेखक मनुभाई पंचोली हैं।

प्रश्न 31– क्या आप जानते हैं कि पारो के लेखक कौन हैं?

उत्तर– पारो के लेखक बाबा नागार्जुन है।

प्रश्न 32– क्या आप जानते हैं कि द टनल ऑफ टाइम के लेखक कौन हैं?

उत्तर– द टनल ऑफ टाइम (अंग्रेजी) के लेखक आर.के. लक्ष्मण हैं।

प्रश्न 33– क्या आप जानते हैं कि एज आई सॉ इट के लेखक कौन हैं?

उत्तर– एज आई सॉ इट (अंग्रेजी) के लेखक रमेश भंडारी है।

प्रश्न 34– क्या आप जानते हैं कि हिन्दुत्व के लेखक कौन हैं?

उत्तर– हिन्दुत्व (हिन्दी) के लेखक नरेंद्र मोहन हैं।

प्रश्न 35- क्या आप जानते हैं कि इनसाइड सी.बी.आई के लेखक कौन हैं?

उत्तर- इनसाइड सी.बी.आई. (अंग्रेजी) के लेखक जोगिन्दर सिंह हैं।

प्रश्न 36- क्या आप जानते हैं कि एन एक्टर्स जर्नी के लेखक कौन हैं?

उत्तर- एन एक्टर्स जर्नी (अंग्रेजी) के लेखक सईद जाफरी हैं।

प्रश्न 37- क्या आप जानते हैं कि मेरी संसदीय यात्रा के लेखक कौन हैं?

उत्तर- मेरी संसदीय यात्रा (हिन्दी) के लेखक अटलबिहारी वाजपेयी हैं।

प्रश्न 38- क्या आप जानते हैं कि द लाइट ऑफ एशिया के लेखक कौन हैं?

उत्तर- द लाइट ऑफ एशिया के लेखक एडविन अर्नाल्ड हैं।

प्रश्न 39- क्या आप जानते हैं कि मदर के लेखक कौन हैं?

उत्तर- मदर के लेखक मैक्सिम गोर्की हैं।

प्रश्न 40- क्या आप जानते हैं कि मेन कॉम्फ के लेखक कौन हैं?

उत्तर- मेन कॉम्फ के लेखक एडोल्फ हिटलर हैं।

प्रश्न 41- क्या आप जानते हैं कि दास कैपिटल के लेखक कौन हैं?

उत्तर- दास कैपिटल के लेखक कार्ल मार्क्स हैं।

प्रश्न 42- क्या आप जानते हैं कि एज यू लाइक इट, हैमलेट, मरचेन्ट ऑफ वेनिस, टेम्पेन्ट, ट्वेल्पथ नाइट, ऑथेलो, जूलियस सीजर, रोमियो एंड जूलियट के लेखक कौन हैं?

उत्तर- एज यू लाइक इट, हैमलेट, मरचेन्ट ऑफ वेनिस,टेम्पेन्ट, ट्वेल्पथ नाइट, ऑथेलो, जूलियस सीजर,रोमियो एंड जूलियट के लेखक शेक्सपीयर हैं।

प्रश्न 43- क्या आप जानते हैं कि 'वार एंड पीस' के लेखक कौन हैं?

उत्तर- वार एंड पीस के लेखक टालस्टाय हैं।

प्रश्न 44- क्या आप जानते हैं कि वेन हर के लेखक कौन हैं?

उत्तर- वेन हर के लेखक लुई वेलेस हैं।

प्रश्न 45- क्या आप जानते हैं कि रिपब्लिक के लेखक कौन हैं?

उत्तर- रिपब्लिक के लेखक प्लेटो हैं।

प्रश्न 46- क्या आप जानते हैं कि दि वेल्थ ऑफ नेशंस के लेखक कौन है?

उत्तर- दि वेल्थ ऑफ नेशंस के लेखक एडम स्मिथ हैं।

प्रश्न 47- क्या आप जानते हैं कि दि सैटनिक वर्सेज, मिडनाइट्स चिल्ड्रेन, द मूर्स लास्ट साई के लेखक कौन हैं?

उत्तर- दि सैटनिक वर्सेज, मिडनाइट्स चिल्ड्रेन, द मूर्स लास्ट साई के लेखक सलमान रूशदी हैं।

प्रश्न 48- क्या आप जानते हैं कि थाऊजेंड फेसिज ऑफ नाइट के लेखक कौन हैं?

उत्तर- थाऊजैंड फेसिज ऑफ नाइट के लेखक गीता हरिहरन हैं।

प्रश्न 49- क्या आप जानते हैं कि लांग वाक टू फ्रीडम के लेखक कौन हैं?

उत्तर- लांग वाक टू फ्रीडम के लेखक डॉ. नेल्सन मंडेला हैं।

प्रश्न 50- क्या आप जानते है लज्जा, मुझे मुक्ति दो की लेखक कौन हैं?

उत्तर- लज्जा, मुझे मुक्ति दो की लेखक तसलीमा नसरीन हैं।

प्रश्न 51- क्या आप जानते हैं कि द नेक्सट वर्ल्ड वार के लेखक कौन हैं?

उत्तर- द नेक्स्ट वर्ल्ड वार के लेखक जेम्स एडमस हैं।

प्रश्न 52- क्या आप जानते हैं कि फ्रीडम एंड सोशल च्वाइस के लेखक कौन हैं?

उत्तर- फ्रीडम एंड सोशल च्वाइस के लेखक अमर्त्य सेन हैं।

प्रश्न 53- क्या आप जानते हैं कि द इंटर प्रीटर ऑफ मालाडीज के लेखक कौन हैं?

उत्तर- द इंटरप्रीटर ऑफ मालाडीज़ के लेखक झुम्पा लहरी हैं।

प्रश्न 54- क्या आप जानते हैं कि डिसग्रेस के लेखक कौन हैं?

उत्तर- डिसग्रेस के लेखक जे.एम. कोटजी हैं।

प्रश्न 55- क्या आप जानते हैं कि द ब्लाइंड एसेन के लेखक कौन हैं?

उत्तर- द ब्लाइंड एसेन के लेखक मार्गेट अटवुड हैं।

आविष्कार, आविष्कारकर्ता, देश व वर्ष

प्रश्न 1- क्या आप जानते हैं कि रक्त परिसंचरण की खोज किसने की थी?

उत्तर- रक्त परिसंचरण की खोज सन् 1628 में ब्रिटेन के वैज्ञानिक विलियम हार्वे ने किया था ।

प्रश्न 2- क्या आप जानते हैं कि बायोकेमिस्ट्री की खोज किसने की थी?

उत्तर- बायोकेमिस्ट्री की सन् 1648 ई. में बेल्जियम के वैज्ञानिक जान वापटीसा ने किया था।

प्रश्न 3- क्या आप जानते हैं कि टीका लगााने की खोज किसने की थी?

उत्तर- टीका लगाने की खोज सन् 1796 ई. में ब्रिटेन के वैज्ञानिक एडवर्ड जेनर ने किया था।

प्रश्न 4- क्या आप जानते हैं कि क्लोरोफार्म की खोज किसने की थी?

उत्तर- क्लोरोफार्म की खोज सन् 1847 ई. में ब्रिटेन के जेम्स सिमसन ने की थी।

प्रश्न 5- क्या आप जानते हैं कि रैबीज के टीके की खोज किसने की थी?

उत्तर- रैबीज टीका की खोज फ्रांस के लुई पाश्चर ने सन् 1860 में की थी।

प्रश्न 6- क्या आप जानते हैं कि मलेरिया रोगाणु की खोज किसने की थी?

उत्तर- मलेरिया रोगाणु की खोज 1880 में फ्रांस के लावेरान ने की थी।

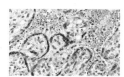

प्रश्न 7- क्या आप जानते हैं कि मनोविश्लेशण की खोज किसने की थी?

उत्तर- मनोविशलेषण की खोज 1895 में आस्ट्रिया के सिग्मंड फ्रायड ने की थी।

प्रश्न 8- क्या आप जानते हैं कि विटामिन की खोज किसने की थी?

उत्तर- विटामिन की खोज 1912 ई. में आस्ट्रिया के सर एफ. जी. हापकिंस ने किया था।

प्रश्न 9- क्या आप जानते हैं कि विटामिन-सी की खोज किसने की थी?

उत्तर- विटामिन-सी की खोज सन् 1912 में नार्वे के फ्रोलिख होल्सट ने की थी।

प्रश्न 10- क्या आप जानते हैं कि विटामिन-बी की खोज किसने की थी?

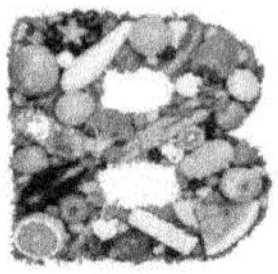

उत्तर- विटामिन-बी की खोज 1916 ई. में अमरीका के मैक कोलम ने की थी।

प्रश्न 11- क्या आप जानते हैं कि विटामिन-डी की खोज किसने की थी?

उत्तर- विटामिन-डी की खोज सन् 1922 में अमरीका के मैककोलन ने की थी।

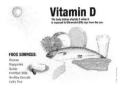

प्रश्न 12- क्या आप जानते हैं कि विटामिन-बी1 की खोज किसने की थी?

उत्तर- विटामिन-बी^{1} की खोज सन् 1926 में अमरीका के मिनाट और मरफी ने मिलकर किया था।

Vitamin B1

प्रश्न 13- क्या आप जानते हैं कि पैंनिसिलिन की खोज किसने की थी?

उत्तर- पैंनिसिलनि की खोज सन् 1928 में ब्रिटेन के एलेक्जैंडर फ्लेमिंग ने किया था।

प्रश्न 14- क्या आप जानते हैं कि किडनी मशीन की खोज किसने की थी?

उत्तर- किडनी मशीन की खोज सन् 1944 में हालैंड के कोल्फ ने की थी।

प्रश्न 15- क्या आप जानते गर्भ निरोधक गोली की खोज किसने की थी?

उत्तर- गर्भ निरोधक गोलियों की खोज सन् 1955 में अमरीका के पिनकस ने की थी।

प्रश्न 16- क्या आप जानते हैं कि परमाणु की खोज किसने की थी?

उत्तर- परमाणु की खोज सन् 1939 में इंग्लैंड के वैज्ञानिक रदरफोर्ड ने की थी।

प्रश्न 17- क्या आप जानते हैं कि विद्युत बल्ब का आविष्कार किसने किया था?

उत्तर- विद्युत बल्ब का आविष्कार सन् 1860 ई. में यू.एस.ए. के वैज्ञानिक थामस एडीसन ने की थी।

प्रश्न 18- क्या आप जानते हैं कि ब्रेल लिपि का आविष्कार किसने किया था?

उत्तर- ब्रेल लिपि का आविष्कार सन् 1828 ई. में फ्रांस के लुई ब्रेल ने किया था, ये अंधे थे।

प्रश्न 19- क्या आप जानते हैं कि फोटोग्राफी का आविष्कार किसने किया था?

उत्तर- फोटोग्राफी का आविष्कार सन् 1837 ई. में फ्रांस के एल. डेग्यूरे ने किया था।

प्रश्न 20- क्या आप जानते हैं कि टेलीग्राफ का आविष्कार किसने किया था?

उत्तर- टेलीग्राफ का आविष्कार सन् 1832 ई. में यू.एस.ए. के सैमुअल मोर्स ने किया था।

प्रश्न 21- क्या आप जानते हैं कि टेलीफोन का आविष्कार किसने किया था?

उत्तर- टेलीफोन का आविष्कार ग्राहम बेल ने सन 1876 ई. में किया था, ये यू.एस.ए. के रहने वाले थे।

प्रश्न 22- क्या आप जानते हैं कि रेडियो का आविष्कार किसने किया था?

उत्तर- रेडियों का आविष्कार इटली के वैज्ञानिक मारकोनी ने सन् 1896 ई. में किया था।

प्रश्न 23- क्या आप जानते हैं कि एक्स-रे का आविष्कार किसने किया था?

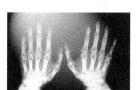

उत्तर- एक्स-रे का आविष्कार 1895 ई. में जर्मनी के डब्ल्यू. के. रोन्टेजन ने किया था।

प्रश्न 24- क्या आप जानते हैं कि वायुयान का आविष्कार किसने किया था?

उत्तर- वायुयान का आविष्कार सन् 1903 में यू.एस.ए. के राइट बंधुओं ने किया था।

प्रश्न 25– क्या आप जानते हैं कि ग्रामोफोन का आविष्कार किसने किया था?

उत्तर– ग्रामोफोन का आविष्कार सन् 1877 ई. में यू.एस.ए. के एडीसन ने किया था।

प्रश्न 26– क्या आप जानते हैं कि माइक्रोस्कोप का आविष्कार किसने किया था?

उत्तर– माइक्रोस्कोप का आविष्कार नीदरलैंड के जैड जानसन ने सन् 1950 ई. में किया था।

प्रश्न 27– क्या आप जानते हैं कि प्रिंटिंग प्रेस का आविष्कार किसने किया था?

उत्तर– प्रिंटिंग प्रेस का आविष्कार सन् 1455 ई. में जर्मनी के गुटनबर्ग ने किया था।

प्रश्न 28– क्या आप जानते हैं कि रिवाल्वर का आविष्कार किसने किया था?

उत्तर– रिवाल्वर का आविष्कार यू.एस.ए. के कोल्ट ने सन् 1835 ई. में किया था।

प्रश्न 29– क्या आप जानते हैं कि सिलाई मशीन का आविष्कार किसने किया था?

उत्तर– सिलाई मशीन का आविष्कार 1846 ई. में यू.एस.ए. के एलियन होवे ने किया था।

प्रश्न 30– क्या आप जानते हैं कि टाइपराइटर का आविष्कार किसने किया था?

उत्तर– टाइपराइटर का आविष्कार 1868 ई. में यू.एस.ए. के वैज्ञानिक सी सोल्स ने किया था।

प्रश्न 31– क्या आप जानते हैं कि टेलीविजन का आविष्कार किसने किया था?

उत्तर– टेलीविजन का आविष्कार 1944 ई. में यू. एस. ए. के जे. एल. बेयर्ड ने किया था।

प्रश्न 32– क्या आप जानते हैं कि टेलीस्कोप का आविष्कार किसने किया था?

उत्तर– टेलीस्कोप का आविष्कार 1608 में नीदरलैंड के हेंस लिपरसे ने किया था।

प्रश्न 33– क्या आप जानते हैं कि कलाई घड़ी का आविष्कार किसने किया था?

उत्तर– कलाई घड़ी का आविष्कार 1462 ई. में इटली के बार्थलोम्यू मेनफ्रेडी ने किया था।

प्रश्न 34– क्या आप जानते हैं कि मोटर साइकिल का आविष्कार किसने किया था?

उत्तर– मोटर साइकिल का आविष्कार 1885 ई. में जर्मनी के जी डैमलर तथा कांसटाअ के ने किया था।

प्रश्न 35– क्या आप जानते हैं कि जिप (चेन) का आविष्कार किसने किया था?

उत्तर– चिप (चेन) का आविष्कार सन् 1891 ई. में अमेरिका के डब्लू. एल. जुडसन ने किया था।

प्रश्न 36– क्या आप जानते हैं कि बैलून (गुब्बारा) का आविष्कार किसने किया था?

उत्तर– बैलून (गुब्बारा) का आविष्कार 1783 ई. में बेल्जियम के जेकब व जोसेफ माँट गोल्फॅर ने किया था।

आत्म–विकास/व्यक्तित्व विकास

Modern Letter Writing Course — Also Available in Hindi

How To Become a Successful Speaker & Presenter — Also Available in Hindi

Success Through Positive Thinking — Also Available in Kannada, Tamil

Body Language — Also Available in Kannada

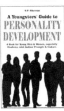

Be A Winner — Also Available in Kannada

हमारी सभी पुस्तकें www.vspublishers.com पर उपलब्ध हैं

छात्र विकास
लोकप्रिय विज्ञान
CRAFTS & PROJECTS for CHILDREN
WONDERS of the World
BESTSELLER
7 रहस्य
7 Mantras to Excel in EXAMS
BESTSELLER
Super Student
आप भी मेरिट में आ सकते हैं
251 STUDY SECRETS
Vedic Mathematics
वैदिक गणित
Learning MATHEMATICS The Fun Way
वाद-विवाद (DEBATE)
निबन्ध संग्रह
Enhance Your Child's Talents
Poems for Children
प्रश्नोत्तरी की पुस्तकें
MATHEMAGIC Puzzles & Brain Drainers
SUDOKU
SUDOKU NEW
SUDOKU
Mind Benders Brain Teasers
ड्राइंग बुक्स
ड्राइंग एण्ड पेंटिंग कोर्स
Drawing & Painting Course
Drawing & Painting Course
NEW
ड्राइंग कार्टून्स
DRAWING CARTOONS
71 Electrical & Electronic Projects
Children's SCIENCE ENCYCLOPEDIA
Also Available in Hindi
71 Science Activities
Also Available in Hindi
NEW
71 + 10 New Mathematics Projects
Also Available in Hindi
71 Science Projects Junior
Also Available in Hindi
71 Science Experiments
Also Available in Hindi
101 + 10 New SCIENCE GAMES
Also Available in Hindi
71 + 10 New Science Projects Self-learning Kit
Also Available in Hindi, Tamil & Bangla
Spice in Science The best of Science Funnies
71 ARTS & CRAFTS FOR SCHOOL CHILDREN
71 + 10 Magic Tricks for Children
चिल्ड्रंस एंसाइक्लोपीडिया
CHILDREN'S ENCYCLOPEDIA THE WORLD OF KNOWLEDGE
CHILDREN'S ENCYCLOPEDIA THE WORLD OF KNOWLEDGE GENERAL KNOWLEDGE
CHILDREN'S ENCYCLOPEDIA THE WORLD OF KNOWLEDGE LIFE SCIENCES and HUMAN BODY
CHILDREN'S ENCYCLOPEDIA THE WORLD OF KNOWLEDGE PHYSICS and CHEMISTRY
CHILDREN'S ENCYCLOPEDIA THE WORLD OF KNOWLEDGE DISCOVERIES
CHILDREN'S ENCYCLOPEDIA THE WORLD OF KNOWLEDGE SPACE SCIENCE and ELECTRONICS

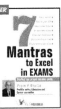

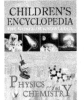

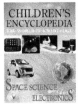

संक्षिप्त शब्दकोश

शैक्षिक पुस्तकें

अंग्रेजी शब्दकोश

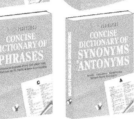

हिन्दी शब्दकोश

उपन्यास

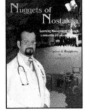

विषय शब्दकोश

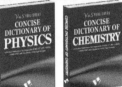

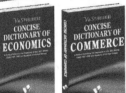

हमारी सभी पुस्तकें www.vspublishers.com पर उपलब्ध हैं